超エリート英語教育

日常会話を
目標にしない
子ども英会話

アライブイングリッシュスクール校長
三井 博美

CONTENTS

プロローグ

世界中の文学、政治、経済、技術、あらゆる分野に関する簡単な説明書から書籍まで、今から20年前まではその日本語版を探せば結構用意されていたものです。

また、世界的なスポーツ大会でも、以前は日本の企業がずらりとスポンサーに顔を並べ、私たちに親しみのある企業ロゴで賑やかでしたが、今では見かけることが少なくなってきました。

今、日本の経済的なプレゼンスの陰りと共に、私たちを取り巻く環境は世界の中で確実に変化しています。21世紀という時代。私たちは、燃料も食料もＩＴ技術も世界とかかわっていかなければ生活していけません。将来的に、私たちは世界共通語である英語で、世界を相手にコミュニケーションしていくことがますますリアルに求められるでしょう。

私は、アライブという英会話教室の代表を務めています。アライブイングリッシュスクール・アライブインターナショナルプリスクールを創立したのは、今からもう20年も前のことですが、創立以来、子どもたちに真の英語教育を体験してほしいという一心で、自分の理想とする英語教育を追いかけてがむしゃらに走ってきました。

アライブでたくさんの子どもたちや保護者の方をお迎えし、お話しするうち、私はあることに気がつきました。アライブの体験授業にこられる方の7割以上が、既に他のスクールで英語を学んでいたのです。「なぜアライブに?」と私が伺うと、皆さん口を揃えてこうおっしゃいます。

「ここは、英語で話すことを重視していると聞いたからです」

多くの保護者の方が、英語を長く学んでいるけど、なかなか話せるようにならないと悩んでいました。確かに、アライブの生徒は、英語が話せるようになっています。

ちなみに、私にとって「英語が話せるようになる」というのは、日常的な英会話ができるようになるということではありません。もちろん日常的な英会話ができるようになることはアライブでは最初の一歩ではあるのですが、それだけではありません。英語を使って自分の意見を人に伝えられるようになっていくのです。

アライブでは、講師が生徒たちにたくさん質問を投げかけます。生徒たちは講師とのやり取りを通じて、「さあ?」とか「わかりません」ではなく、「私はこう思う」と、英語でしっかり自分の意見を伝えられるようになっていきます。

以前、「今、皆が学んでいる理科や算数はなぜ必要なの?」と外国人講師が子どもたちに問いかけたことがありました。その時、ある子どもは「私たちの世界は理科や算数でできているから」と答えました。そしてある子どもは、「これから私たちがいろいろなことができるように」と返してくれました。

このように、外国人講師から投げかけられるどんな問いにも、恥ずかしがらず、躊躇することなく自分の意見を答えられるようになっていくのです。

なぜアライブでは、日常的な英会話だけではなく、本当の意味でコミュニケーションが取れる子どもになるのでしょうか? それは、アライブが英語教育において「考える力を養う」ことを最も大切にしているからに他なりません。

ただ英単語を覚え、表現方法を習得し、英語の文章を話せるだけでは、「英語ができる」とは言えない。私はそのように考えています。真の英語教育には、言語学としての英語の習得だけでなく、あらゆる分野の深い知識と、自分の意見を持つことが大切なのです。

とはいえ、最初から私が理想としてきた英語教育ができていたわけではありません。私がアライブイングリッシュスクールを創立して、まだ間もない頃のことです。ある日、英会話の授業で、外国人講師が子どもたちに問いかけました。

「世界平和はどうしたら実現できるの？」「世界はどうしたらよくなるの？」

現実の生活ではあまり考えることのない大きなテーマですから、子どもたちは皆困っていました。そしてある生徒が"We can give them the money."「お金を渡す」と答え、他の生徒もうなずきました。英会話としては、"We can give them the money."というのは100点の答えです。文法も間違っていません。

しかし、「世界平和を実現する方法」という問いに対する答えとしては、どうでしょうか？

「お金を渡す」という意見が間違っているわけでも、悪いわけでもありません。しかし、もっと深く考えることができたならば、もっと良い解決策が生まれるのではないでしょうか。そして、本当にこの生徒は「お金を渡す」ことが世界平和のために最善だと思って発言したのでしょうか？

この経験は、私に大きな気づきを与えてくれました。単に英会話ができるだけではなく、英会話を使って、自分で考え、学び、議論することこそが大切なのだと思い至ったのです。

同時に、日本の英語教育のあり方に疑問を抱くようになりました。日常会話の習得だけを目標にして英語を習う風潮に、もどかしさを感じるようになっていったのです。こうした経験から、アライブのカリキュラムは一般的な英会話教室とは全く違うものとなっています。

アライブでは、体験学習も取り入れながら、さまざまなテーマについて学び議論するクラスがあります。英語でプログラミングを学ぶクラスもあれば、SDGsや理科を学ぶクラスもあります。音楽や劇づくりをする時もあります。

英語ができる、できないは関係ありません。もちろん語学の習得レベルによってクラス分けは行いますが、アライブでは「まずは英語を覚えることが先」という考え方はしていないのです。

英語を学びながら、英語以外の科目も学んでいく。そして英語の習得と同時に幅広い分野の知識を身につけ、習得した英語を使ってさまざまな国の人たちと対等にコミュニケーションが取れるようになる。これが、アライブが目指す英語教育の姿です。

さて、「世界平和はどうしたら実現できるの？」と最初に外国人講師が子どもたちに質問してから、何年か経ちました。

同じ質問を子どもたちにしてみると、こんな答えが返ってきます。

「戦争をしている国の大人たちを日本に招待するとよいと思う。平和の素晴らしさを感じられれば、きっと戦争なんてしないと思う」

「戦争をしている国の子どもたちと平和についてたくさん話し、日本でいろいろなことを一緒にしたい。その子どもたちが大人になったら、戦争をしない国をつくると思う」

子どもたちは、自分で考え、議論し、葛藤しながら導き出した答えを、きちんと英語で伝えられるようになっているのです。

2021年を迎え、私たち人間を取り巻く環境は大きく変わろうとしています。

2020年には新型コロナウイルスが蔓延しました。地球温暖化や地震などの災害も、予断を許さない状況です。このような世界で子どもたちが幸せに生きていくためには、「生きる力、未来を開拓する力」を持ち、柔軟な発想力を養って世界規模のイノベーションを起こしていくことが大切になってくるのかもしれません。

子どもたちは、知識を得て考えられるようになると大きく変わります。その姿には、明るい未来や大きな可能性を感じずにはいられません。この子たちがいるのだから日本は大丈夫だ。そんな風にも思えるのです。

本書では、現代の日本の英語教育全体に大きな疑問を投げかけています。そして、実在するエピソードを紹介しながら、子どもたちにとって本当に必要な、真の英語教育のあるべき姿を問いていきたいと思います。

第 1 章

世界の課題を解決する
子どもたち

■地球規模的な問題の深刻化

日本をはじめ、先進国では技術社会へと大きな進化を遂げてきました。私が学生の頃は、海外から日本に電話をするのも一苦労でした。海外通話は高い通話料がかかるため、多くても週に1回、それも数分会話するのが限界というような世界だったのです。

しかし今では、Skype や Messenger を使って無料でコミュニケーションを取ることができます。インターネットの普及によって、世界中どこにいても瞬時に誰とでもつながれるようになりました。隣の県に行くような手軽さで海外に行ける時代になりましたし、ないものがないくらい、世の中はとても便利になりました。

しかしその一方で、人間の利便性や効率化のために、日々環境破壊が進んでいます。希少動物は絶滅に追いやられ、戦争や争いごとも絶えません。

宇宙に人が住める、私たちも宇宙旅行に行けるというようなワクワクする未来が描かれ始める一方で、飢餓や貧困、感染症など、私たちは多くの課題を抱えているのです。

インターネットの普及によって、私たちはこうした世界の現状を、新聞やニュースを見なくても、リアルタイムに、かつ詳細に知ることができるようになりました。その結果、多くの人が現状を知り、さまざまな問題に関心を持つようになっています。

・日本でも、さまざまな問題がある

深刻な課題は、日本にもたくさんあります。少子高齢化の進行、いじめ問題、自殺の増加、環境資源や食料の枯渇、自然災害の増加。さらに今後は、ＡＩやＲＰＡの普及によって失業する人も増えていくと指摘されています。

特に深刻なのが人口問題です。世界の人口は増え続けているのに、日本の人口は少子高齢化のために減少に転じています。２０１８年には、4人に1人が65歳以上の時代がやってきました。ワシントン大学の研究では、２１００年には日本の人口は半減すると予測されています。

さらに、世界第2位に君臨した日本のＧＤＰは中国に抜かれました。ＧＤＰの下落も止まりません。日本経済研究センター（２０１９年）の予測では、２０６０年には日本のＧＤＰは世界第5位にまで落ちるとも言われています。

・21世紀に生きる子どもたちへの期待

少しだけ世界的な問題について触れてみましたが、この他にも、世界中でさまざまな課題が山積みです。中には長期的に解決に向けて世界中が協力していかなければならないものもあり、おそらく私たちの時代ではなく、次世代にその解決を委ねなければならないものもたくさんあります。

世界的課題の解決のためには、即座に問題の本質をつかみ、あらゆる角度から分析して最善の策にたどり着くことがとても重要です。そして、時代が急速に進化し続ける今、これまでの方法では、増え続ける世界的な課題を解決することはできません。

真正面から問題を見るだけでなく、斜めや後ろから問題を見る柔軟さや、全然関係のない分野の知識を応用できる発想力などが求められていくでしょう。

20世紀、私たちは指示されたことだけを繰り返し、忍耐強くやり続けることを美徳とする、全体最適化を目指す時代のまっただ中にいました。しかしこれからの時代は、そのような考え方では生きていけないのです。

これからは、迅速にものごとを解決し、ゼロからイチをつくり出す力が求められていくことでしょう。言い換えれば、クリティカルやクリエイティブに考えられる子どもたちの存在が、21世紀の世界には不可欠だということです。

さて、解決策を提示し、それを発信するためには、「言葉」は必要不可欠です。特に、問題のスケールが大きければ大きいほど、繊細なニュアンスまで理解できる言語での発信や議論が求められます。

そして、できるだけ多くの人が密なコミュニケーションを取るためには、共通言語というものが大切になってきます。実はここで、英語の習得が重要な意味を持ってくるのです。

日本でも、英語習得の重要性はずっと昔から叫ばれていました。しかし現状を見てみると、私たちの多くが英語を話すどころか、ほとんど理解すらできていません。世界の人々と対等に渡り合い、協力し合うためのコミュニケーション手段として英語を使っていくには、まだまだ不十分なのが現実なのです。

私たち大人は、世界で通用し、世界を変えていく子どもたちを育てていかなければなりません。そのためにも、英語という語学の習得はとても重要なウエイトを占めているのです。

■こんな子どもたちが世界を変える

世界で通用し、世界を変えていく子どもたち。どうすれば私たちは彼らを育てることができるのでしょうか？　そもそも、世界を変えていく子どもたちとは、どのような性質や能力を備えた子どもたちなのでしょうか。

・IQとEQ

私はその1つの答えとして、「IQ（Intelligence Quotient）だけでなく、EQ（Emotional

Intelligence Quotient）が高いこと」がポイントであると考えています。

ＩＱとは、知能指数のことです。知能指数というのは、知的活動における能力のすべてを表す数値です。シンプルに言えば、「頭がいい」ということです。

情報を適切に処理する、学習能力がある、適応性がある……。そういった能力が知能指数と呼ばれるものであり、その指数を数値化したものがＩＱなのです。

それに対して、ＥＱは「心の知能指数」と呼ばれています。自分の感情をコントロールできる、友だちに共感できる、人や動物に対して思いやりの心を持てる……。少し曖昧ではありますが、こうした能力が高ければ、ＥＱが高いということになります。

ＥＱは、ダニエル・ゴールマンという心理学者が『Emotional Intelligence』（A Division of Random House）という本で触れたことから注目され始めました。最近では、スタンフォード大学オンラインハイスクールの授業を再現した星友啓氏の『スタンフォード式生き抜く力』（ダイヤモンド社）でもＥＱについて触れられています。

ちなみにこの本によれば、スタンフォード大学には、「思いやり利他行動研究教育センター」というセンターがあるそうです。

このセンターでは、「人を思いやる気持ちや利他の精神について、医学、心理学、脳科学などの科学的な視点から、分野横断的に研究するということを目的にしている機関であり、そこでは喜び、幸せ、感謝、親切、思いやりというポジティブな感情などが研究のテーマとして掲げられている」と星氏は言います。

さらに星氏は、心から相手に共感し、そのうえで相手に献身的な行いをする「利他の精神・行動」こそが「生き抜く力」の源泉であると訴えています。ロボットやＡＩなどの科学技術が大きく進化した今の社会でこそ、人としての「個性」「思いやり」「共感」「ポジティブ」「幸せに生きる」という価値観が、とても重要になるのかもしれません。

・ＥＱを高める取り組みの成果

アライブのカリキュラムには、ＥＱを伸ばすための工夫を随所にちりばめています。

設立当初は、英語を使って専門的な知識を増やし、その知識を応用する力を育成することを目指していました。これは、ＩＱの育成に偏っていた、とも言えるかもしれません。このカリキュラムは成功し、子どもたちは英語でさまざまな科目を学びながらディベートのスキルを得るなど、高い成果を出していました。

しかしＥＱを取り入れたその後のカリキュラムでは、もう一歩踏み込んだ子どもたちの成長が見られるようになってきました。アライブに通い始めた子どもたちの発言の内容が変わってきたのです。

「僕は将来医者になって、お母さん、お父さんの命を救いたい」
「将来外交官になって戦争をなくし、すべて話し合いで解決したい」
「YouTube を使って、遠くの国で英語が習えない子どもたちに英語を教えてあげたい」

こうした子どもたちの言葉には、愛や思いやりの精神が見られます。教育にＥＱを取り入れることによって、子どもたちは確実に利他の精神や行動を身につけていっているのです。

■アライブの成長した子どもたち

アライブにくる生徒の多くは、とても長い期間通い続けてくれます。未就園児でいつも泣いていた子が、今では大学生になってとても頼もしい子に成長した、そんなケースは本当に多く、珍しいことではありません。

たくさんの子どもたちの成長を間近で見続けられるこの仕事に就けたことに、私はとても感謝しています。長ければ20年近くも、彼らの人生に寄り添い、かかわり続けることができるのです。こんなにも長く1人の子の人生に携われる仕事は、他にありません。

このように、私はアライブを通じて子どもたちがどんどん成長していく姿をたくさん見てきました。そして、この子たちは、絶対に世界を変えていく人材になると確信しています。その一例をご紹介します。

・機能的なデザインを求めて起業したい

ある生徒の話です。彼は、未就園児の頃から高校3年生までアライブに通ってくれました。ある時、彼から1本の電話がかかってきました。

「三井先生、経済学部に合格しました！」

彼は、大学受験に合格した報告のために電話をしてきてくれたのです。経済学部で何をしたいのか尋ねたところ、「起業して、大好きな英語を使って社長になりたいです」という答えが返ってきました。世の中には自分が着たいと思えるような機能的で良いデザインの服がないから、世の中があっと驚く服をつくる仕事をしたいと言うのです。

「経済学部は服飾には直接関係ないのですが、起業について学べるので頑張ります！」と、彼はとてもやる気に満ちていました。

アライブでは、夏休みなどの長期休暇中に、シーズナルスクールという集中コースを実施しています。そこで、経済やお金の流れ、民族衣装や服飾など幅広いテーマを扱い、カリキュラムに組み込んでいます。スクールで学んだことがこうして彼の将来に大いに役立っているのだと、私はとても嬉しくなりました。

「社長になったら、絶対に先生に報告しますね！」電話の向こうでそう言ってくれたのを、今でも覚えています。

・ボランティア活動を通じて、人の痛みや苦労がわかる

アライブでは、英語教育だけではなくボランティア活動にも力を入れています。子どもたちには、物事を多角的に見られる視野の広さを身につけてほしいという思いからです。

海外ではボランティア活動が日常的に行われていますが、まだまだ日本では普及しているとは言えません。しかし、ボランティア活動は子どもたちにとって、とても貴重な体験になります。実社会の仕組みを体験でき、視野が広がるからです。

ものごとは多面体で構成されています。白か黒かではなくて、白と黒の間に無限のグレーゾーンが広がっているのが、私たちの世界です。ですから、その一面だけを見て一面のみを信じてしまうと、本質を見誤ってしまいます。ボランティア活動を通じて、子どもたちはいろいろな視点から社会を見ることができるようになっていくのです。

アライブでは、ボランティア活動に参加できるように受け皿をつくったり、ボランティア証明書を発行したりと、さまざまな方法でボランティア活動を推進しています。

この制度を活用して、毎年夏休みにボランティアをしてくれる生徒がいます。彼は、アライブ創立後9年して開校したアライブ東校ができて間もない頃から通ってくれていた生徒です。

幼稚園の年長児になっても、ダダをこねては机の下に隠れてなかなか出てこなかった男の子でしたが、今では日本で1、2を争う関西の進学高校の学生寮に住んでおり、夏休みは毎年ボランティアに帰ってきてくれます。

「アライブで大変お世話になったので、恩返しがしたい」と言ってボランティア活動に参加してくれています。ボランティア活動を通じて、恩師の教育への情熱、通っている生徒の英語力の高さを改めて実感したそうです。

そして何より、裏方の仕事を通じて「先生たちは、裏ではこんなに大変だったのかと知って驚いた」と語ってくれました。彼はまさに今、大人の階段を上っている途中と言ってよいでしょう。

ある夏休み、彼と食事をした時のことです。

「三井先生、僕は将来アライブで働きたいです」と彼は言ってくれました。

「ありがとう。でも、本当にやりたいことが見つかったら、やりたいことをしなさいね。いつでも待っているからね」

私はそう答えましたが、心の中では嬉しくてたまりませんでした。将来、彼がアライブにくるかどうかはわかりません。しかし、彼ならどこで働こうと、きっと世界を良い方向に変えてくれるでしょう。

彼の気持ちに応えるために、私はアライブを世界で誇れるスクールにする。そう強く思っています。

・強い意志で夢を実現し、思いやりに溢れた医療従事者へ

幼少期から「医師になるのが夢」と宣言し、ずっとその目標を持ち続けて、見事国立医大に合格した女の子がいます。

新型コロナウイルス感染症問題のまっただ中に、彼女は私たちに温かい手紙を送ってくれました。そこには、私やスクールスタッフの体調への心配などが綴られていました。

コロナ禍でアライブも大きな影響を受けはしましたが、学生とはいえ、医療関係者の中にいる彼女はどれだけ大変だったことでしょう。

「心配しなくていいよ、私たちは必ず克服してこれからも卒業生たちを見続けていくからね」

そう彼女に語りかけたい気持ちになりました。

・家族を守るために戦争の真実を知りたい、と言った小学校1年生

ある授業中に、外国人講師が子どもたちに質問をしました。

「今から戦争のことや戦争が関係するバトルゲームについて話すけど、いいかな？　君たちはまだ小学校1年生だから、先生はそれを話そうか迷っている」

「うーん、聞かないほうがいいかも」

「聞くとお母さんに怒られる」

そんな生徒がいる中、1人の生徒が答えてくれました。

「僕は家族を守りたいから、戦争の話を聞きたい。バトルについて知ることも、身を守るために大事なことだと思います」

わずか小学校1年生の生徒が、まっすぐに前を向き、凛とした姿勢で答えてくれたのです。もちろん英語で。

「小学校1年生の男の子が、家族を僕が守りたいと、皆と違った意見を手を挙げて伝えてくれました。背筋がぞくっとするほど、感動した瞬間でした」

その授業を見ていたスタッフはこの時のことを、こう話してくれました。

■21世紀を生きる子どもたちへ伝えたいこと

未来に向けて、20世紀の日本を代表する作家たちが憂いていたことがあります。これは21世紀を生きる子どもたちへのメッセージとも言えるでしょう。その中でも、私が強く感銘を受けたメッセージを2つご紹介します。

・20世紀を生きる者から子どもたちへのメッセージ

司馬遼太郎は若者に向けて、『二十一世紀に生きる君たちへ』（世界文化社）の中で、こんなメッセージを残しました。

「二十一世紀にあっては、科学と技術がもっと発達するだろう。科学・技術が、こう水のように人間をのみこんでしまってはならない。川の水を正しく流すように、君たちのしっかりした自己が、科学と技術を支配し、よい方向に持っていってほしいのである」

そして、ベストセラーとなった『君たちはどう生きるか』（新潮社）では、吉野源三郎がコペル君を通してこのように語りました。

「僕は、すべての人がおたがいによい友だちであるような、そういう世の中が来なければいけないと思います。人類は今まで進歩してきたのですから、きっと今にそういう世の中に行きつくだろうと思います。

そして僕は、それに役立つような人間になりたいと思います」

そして私もまた、子どもたちに同じことを思います。

今を生きる子どもたちに、正しい知識で幸せに生きてほしいと。

・歴史を振り返り、未来を考えてほしい

では、21世紀を生きる子どもたちが、考える力を持ち、支え合える力を育み、行動につなげられるようにしていくためには、どうしたらよいのでしょうか。

世界的な課題を解決するためには、"crazy ideas"(あっと驚くような、人が考えも及ばない発想)でイノベーションを起こすことが大切です。しかし同様に、先人たちが取り組んだ軌跡を知ることも、とても重要だと私は考えています。人は、過去から学ぶことができるからです。

ただ、先人たちがその時に下した最善の決断が、今の私たちや将来の子どもたちにとって、ベストかどうかは別の話です。その時点では正しいように思われたとしても、それが本当に成功であったかどうかは、何十年、何百年経ってみないとわかりません。

例えば、川が決壊しないように堤防をつくったけれども、数百年後には汚泥が溜まって大災害を招く恐れもあります。海を埋め立てて町をつくったところ、海の生態系が再生不可能な程度にまで崩れてしまうかもしれません。

もしその時選んだ方法が間違いだったとしたら、そのツケを払わされるのは、紛れもなく今の世代ではなく、次の世代なのです。だからこそ、私たちは長期的な視点を持たなければなりません。これは、21世紀を生きる子どもたちも同じこと。今だけを見つめるのではなく、過去、現在、そして未来を見渡せる視点を持つことが重要なのです。

そして、ものごとについて、大雑把にまとめて大枠だけを捉えるのではなく、細部に至るまで丁寧にバランスを取りながら見極めていく力や、一つひとつの課題に悩んで解決する力を育んでいかなくてはなりません。

無理難題かもしれませんが、これからの世界をつくっていく子どもたちには、20世紀の負の遺産と言われている環境破壊問題をはじめとするさまざまな問題に対して、歴史を検証しながら、また次世代の子どもたちの命までをも視野に入れた、世界的な課題の解決法を見出してほしいと考えています。

第2章

「日常会話さえできればいい」わけではない

第1章では、なぜ今、世界を変える必要があるのか、世界の課題を解決する子どもたちの姿を見てきました。

多様化、複雑化、そして深刻化している世界規模の課題を解決するためには、クリエイティビティやイノベーション的な発想が必要不可欠です。そしてそれは、個人のアイディアや考える力なくして生まれるものではありません。また、そこには、思いやり、支え合いという精神が欠かせないことも伝えました。

21世紀に生きる子どもたちは、20世紀までの社会が生んだ課題を世界各国とチームになって解決していかなくてはならない、という使命を与えられている。そのように私は思っています。

世界中の人々と気持ちを携えながら協力し、イノベーションを起こしていくには、深い意思疎通が不可欠です。そしてそこでは、世界の共通語である英語を学ぶことは必須になるでしょう。特に、専門的な知識や技術が要求される場面では、皆で考えて議論し、アイディアを発展させていかなければなりません。

日本の子どもたちがその集団に入るためには、英語で日常的な会話をできるだけではダメなのです。

本章では、日常会話を英会話学習のゴールにしてはいけない理由を説明します。

■日本人は英語を喋れない

世界を股にかけ、英語でコミュニケーションを取る職業に就いている友人の言葉を紹介します。

・国家間の技術移転で説明する力

アライブの創立当初に、アカデミッククラスの根幹を私と一緒に考えてくれた当時のアライブの講師であり、元ハーバード大学医学大学院の教授の言葉です。

当時彼は、名古屋大学の大学院で研究をしていましたが、その後、アメリカのハーバード大学医学大学院で研究を続け、現在はアメリカの別の大学に移りました。

私が彼を訪ねて、ハーバード大学医学大学院にある教授の研究室に訪問した時のことです。教授はこう話してくれました。

「僕がまだ日本の大学院で研究していた時、たくさんの国から留学生がきていたよ。皆、とても優秀だった。もちろん、日本の学生も本当に優秀だった。でも、いざ技術について議論をしようとすると、日本の学生は何も話さないんだ。頭には素晴らしい知識が詰まっているのに。本当にもったいないと感じたよ」

・地球規模で結成されるチームの議論する力

私の友人に科学者がいます。世界のトップクラスの科学者とともに宇宙開発に携わっています。その友人が話してくれたことがあります。

「世界のさまざまな国の人とチームを組んでいると、国の違いがよくわかる。個々の力は高いのにチームの輪がなかなか保てない国。チームワークがとても優れている国。チームで意見を交換し合う時に英語は本当に必要だと感じている」

・日本の技術開発における言語バリア

また、長年世界と対等に渡り合ってきた、日本の大手IT企業で働く友人は、「21世紀にアメリカでGAFA※と呼ばれる世界的規模の企業が台頭してきた背景には、プログラミング言語そのものが英語であることが関係しているのではないか」と言います。

英語で書かれたコードの意味を理解し、コードを英語で書くスピードは、ワンテンポ遅れるということでしょう。21世紀のテクノロジー開発における日本企業の遅れは、言語バリアが立ちはだかっているとも考えられるのです。

多くの人々が、日本人の話す力について問題視するのは、周知の事実です。こうした専門家の言葉からもわかるとおり、日本の高い技術力やスキル、そして素晴らしいアイディアは、それを伝える力がない限り世界レベルでの開発に広がらないし、共有することができないのです。

特にチームで何かをつくる場合には、その壁がとても高くなってしまいます。現在の日本の英語教育では、世界的な課題を解決するにははるかに遠く、世界と対等にコミュニケーションすることも不可能に近いのです。

それ以前に、世界の国々と議論することすらできないのです。だからこそ、日常会話の習得を目指すのではなく、考える力を養う英語教育が必要なのです。

※GAFA…巨大IT企業である、Google社、Apple社、Facebook社、Amazon社の総称。

■自分の意見をカタコトでもよいから伝える

日常会話を学ぶだけではいけない理由について、留学時代、海外での勤務時代にさかのぼり、自身の経験を交えて話します。

・海外留学経験から

アライブがなぜ、考える力を養うことにここまで強くこだわっているのか。それは、私自身の大学留学での経験が発端になっています。

一旦は日本の大学に入学した私ですが、どうしても海外に行きたい大学がありました。アメリカの西海岸にある大学です。日本で数年大学に通ったあと、諦めきれずに海外留学の準備をしていた時、父親が突然亡くなりました。

悲しみと不安な気持ちに苛まれて一時は留学を諦めましたが、ありがたいことに母親が「せっかくだから行きなさい」と応援してくれたのです。

ただ、どうしても行きたかったアメリカの大学は学費がとてつもなく高額だったため、その大学の入学を諦めました。比較的学費が安く、かつ比較的早く入学できるという条件で、アメリカのとある州立大学に行くことに決めました。

そのような中での留学だったので、少しでも早く卒業したいと思い、留学生の受講できる最大の単位数を超えて大学の事務局に申請し、夜中まで勉強して飛び級で卒業しました。そして、在学中もできる限り、外国人の友人をつくることで英語力を高めていきました。

現地の大学生と接する中で気づいたことがあります。彼らは自国の経済や政治だけでなく、海外の文化や国のあり方などにも大変興味を持っているということです。彼らは日々私に「日本の人口は?」「日本の政治は?」「日本の経済は?」「日本の文化は?」と興味津々で尋ねてきました。

そして皆、自分の意見をしっかり持っているのです。授業も、自分の意見を発信するトレーニングの場でした。例えば、経営学の講義でケーススタディを学べば「あなたがこの会社の社長だったら、どんな決断を下しますか?」などという質問がざらに飛んできます。クラスメイトが次々と手を挙げて自分の意見を言う中で、自分だけ手を挙げないなんて考えられないような状況でした。

この時私は、身振り手振りでもいいから自分の考えを自分の言葉で伝えることの必要性を、身に染みて実感したのです。

アメリカでは、仕事でもプライベートでも日常的に"What do you think about it?"が使われます。小学生であろうが大人であろうが、「それについてあなたはどう考えるのか?」という問いをされた時には自分の言葉で答えなければなりません。わからない、は通用しないのです。

“What do you think about it?” には、聞かれていることに対する知識がないと答えられません。しかし、知識があっても自分の考えがなければ答えられません。知識と自分の考えがあってやっと、英語を使って自分の言いたいことをできるだけ的確に伝えられるかどうかが求められる。留学中はそんな毎日でした。

そして、友人と会話をしている中で、「日常会話だけでは絶対に絆は深まらない。カタコトでも何でもいいから自分の意見を必ず伝えよう」と思ったことが何度もありました。

真剣に自分と向き合い、意見を持つ彼らに触発されたのでしょう。私もまた、真剣に自分と向き合い、彼女たちとも向き合いたいと思ったのです。そのためには、日常会話だけでは不十分だったのです。

つたない英語でも、必死に身振り手振りを入れながら話したことが相手に伝わった時には、何かとても大切なものを共有できたようにも思えました。

彼女たちとは、今でも親しくしています。お互い忙しい合間を縫って、SNSの無料電話で仕事や人生のことなど、いろいろなことを話しています。

・環境から既に平等ではない

幼少期の早い段階から社会の仕組みなどを学び、自立させられている国の子どもたち。政治、経済、文化などが異なる人種のるつぼで、自らの存在を明確に認識しながら育つ子どもたち。

アメリカの首都であるワシントンD.C.は、国立航空宇宙博物館、スミソニアン博物館、国際スパイ博物館など、博物館の宝庫であり、歴史と政治の中心でもあります。アメリカでは、30分も車で移動しようものなら、子どもたちは実践的に学べる環境がすぐそこにあるのです。

ワシントンD.C.でビジネスパートナーと政治の話でもしようものなら"You should not discuss politics here as they are very sensitive issues."「政治の話はこの場所はできないわ。とても繊細な問題なのよ」と言われてしまいます。ワシントンD.C.の住民にとって政治とは、ヒリヒリするほどリアルで生活に影響を与えるものなのでしょう。

また、ボストンのハーバード大学のリーダーシップインスティテュートに所属する学生たちと、リーダーシップのプロジェクトについて1年近く議論し続けたことがありました。

この時は、教育現場を実際に見ている私が圧倒されそうなほど、彼らの意見から学ぶことが多くありました。彼らは勤勉で熱意があり、意欲的で優秀でした。そして、とても優しい感性を持っていました。

一方、日本の子どもたちは、意見を求められることがほとんどありません。学校でも、プライベートでも、家庭でもそうです。政治や経済に関心を持つ子も少ないのが現状です。

しかし将来、日本の子どもたちが相手にしなければならないのは彼らなのです。英語という共通言語の中で、彼らと同じ土俵に立って学び、仕事をしていかなければなりません。

それなのに、日本の子どもたちと彼らとでは、育つ環境も、幼少期に得られる経験も、圧倒的に差があると思わざるを得ません。だから、私はせめてアライブに通ってくれている子どもたちには、こうした国々の子どもたちと対等に渡り合える力を身につけてほしいのです。

互いを理解し認め合ったり、技量を競いながら議論したり、時にはチームを組んで目的に向かって開発したりする。そしてそれが、英語を使いながらできるようになる。小さい頃からそのトレーニングを積んでおけば、大人になって物怖じすることはありません。自信を持って自分の思いや意見を主張できるようになるでしょう。

・専門分野で会話することの必要性

これも、海外で働いていた時のことです。

私は海外の大学を卒業した後、日本の技術系の企業やインドネシアの食品系企業で働きました。日本の企業で働いていた時には、海外の会社と契約をする渉外の部署で、契約書の見直しや交渉ごとなどに携わっていました。技術的なやり取りが必要な時には通訳も任されました。また、海外の企業ではマーケティングを担当していました。

私たちが日本で勉強している日常英会話と呼ばれるようなものを、仕事では実はほとんど使いません。私が思い出してみても、日常英会話が役に立ったのは、最初の自己紹介の時だけです。

あとはすべて、「～についてどう思う？」と意見を聞かれてそれに答えたり、自分の企画を英語で説明したりというスキルが求められました。仕事では、日常英会話よりももっと高度な英語コミュニケーションが要求されたのです。

ただ、話せないからといって焦る必要はありません。伝えたいことにうまく当てはまる英語が出てこなくて困った時もありましたが、辞書を片手に自分で伝えようとすることで、かえって信頼関係が高まるからです。

こうした経験を踏まえ、私は、生きた英語を使うためには「話す力」と「考える力」は絶対に欠かせないのだと考えるようになっていきました。今でも、これは揺るがない自分の信念です。

・言語学の面から

自身の意見が求められるという点について、言語学の視点で見てみると、面白いことがわかります。英語教育に携わるようになって気がついたのですが、日本で学ぶ英語表現と現地で話されている英語表現とでは、日々の会話において使われる表現がかなり異なっているのです。

例えば、"have" という単語。この "have" という動詞は、日常会話でとてもよく出てきます。日本人が英語を使う時には、"I have a pen." "I have a bag." というように、"have" の後に、見えるものや実際に存在する「もの」がくることが多くあります。これは、言語学者も指摘している点です。

しかし海外では、"I have an opportunity to~." 「こんな機会があります」、"I have an opinion." 「意見があります」など、"have" の後には抽象的な名詞が続くことがよくあるのです。

海外の日常会話には、このように抽象的な名詞を伴った表現をすることが多く、さらにそれを具体的に自分の言葉に直して説明する機会が多いのです。一方日本では、そもそも会話に抽象的な内容が現れることは多くありません。ましてや、それを具体的に説明する機会はなかなかないのです。

つまり、こうした言語学的な面においても、将来留学をしたい、海外で活躍をしたいと考えている子どもたちにとって、自分の意見を考えて伝えることが求められているのは明らかと言えます。日常会話を習得するだけでは、世界と対等ではいられないのです。

■翻訳機があれば、議論する力など必要ないのでは？

このように、英語で自分の考えを伝えることの大切さを主張すると、「将来は、翻訳機があるから大丈夫でしょう？　自ら英語でコミュニケーションをする必要はないのではないですか？」と、必ずと言ってよいほど質問されます。

確かに翻訳機はとても便利です。

しかし、良いコミュニケーションは、タイミング、テンポ、声の抑揚、トーンなどが相まって初めて成立していくものだと私は信じています。カタコトであっても身振り手振りを使って自分の言葉を使ったほうが、はるかに思いが伝わりますし、自分のことを知ってもらえます。

それに、「なんとしても伝えよう」「理解しよう」と必死に相手とコミュニケーションを取ろうとします。その意欲が相手に伝わるからこそ、大きな友情が育まれたり、思わぬ契約が取れたりするのです。翻訳機を通じたコミュニケーションでは、なかなかその経験はできません。

それに、英語を操って思い通りに伝えることの楽しさを一度味わうと、翻訳機に頼ろうとは思わなくなります。

コミュニケーションは、人と人をつなぐものであるはずです。だからこそ、自分の言葉で考え、自分の言葉で話すことができるように、子どもたちには英語を学んでほしいのです。

■アライブの使命

幸いにも私は、英語教育にかかわる仕事をしています。将来、世界と対等に議論できる日本社会を創造できる、アライブという船の舵取りができる立場にいます。もちろん主役は生徒たちですが。

アライブに通う生徒たちの保護者の方々にアンケートを取ったところ、95％以上の方が「将来子どもたちを留学させたい」と回答しています。わが子に留学してほしいと考えている保護者の方々の数は、年々増えています。今、生徒数は約１４００人。そのうち１３００人以上が、子どもたちを留学させたいと思っているのです。

こんな英会話教室が他にあるでしょうか？　彼らの思いに応えるためにも、アライブでは日常会話だけの英語を学ばせることはできないのです。

第3章

考える力が育成されない日本の土壌

第2章では、なぜ日常会話を英語教育の最終目標にすることがもったいないことなのか、なぜ英語教育において考えて議論する力が必要になるのかについていろいろな視点から見てきました。

■日常会話が話せることで満足する日本の英語教育

では、現実の日本の英語教育はどうでしょうか。

一般的に日本の英語教育では、「日常会話ができるようになる」ことを目標にします。それは小学校でも、中学校でも、もちろん大人であっても同じです。特に小学校においては、児童生徒たちは英語に触れるだけで十分で、英語を使って会話をするなど、自分の考えていることを発信できるようになるといったレベルまでは実質上求められません。

学校の先生方に直接伺うと、40人近い児童生徒を一斉に、かつ平等に教えなければならないことや、英語の授業は限られた時間数であることなどの物理的な問題があるようです。

先生方は大変な努力をしながら「自分の理想通りに英語を教えてあげられない」という根本的な課題を抱えているのです。

しかし、せっかくの幼少期に、考えて議論できる力が育成されずに英語を学ぶことは、とてももったいないことだと私は強く感じています。

・英語教育業界の常識を覆したい

英語教育の業界では、日常会話すら目標にしていないのではないかと思うこともあります。

アライブに体験にこられる方の多くは、既に他の英会話スクールで英語を学んでいます。そして皆、口を揃えて「ここなら英語を話せるようになると聞いたので」と伝えてくれます。

つまり、体験にくる生徒を見ていると、ほとんどの子どもが、リーディングやヒアリングはできても、スピーキングはできないことが多いのです。

英語だけで過ごす幼稚園や保育園、インターナショナルスクールで英語を何年も習ってきた子どもたちであっても、基本的な日常会話がやっとというケースが多くありました。恐らく1クラスの生徒数が多いことや、そのスクール自体の目標が話すことではないという点にも起因していると思います。

ただ、大体は、幼少期を英語に触れるだけ、遊びだけで過ごしてしまっていることから起こるのではないかと思います。英語を話す機会に恵まれていないのです。

「英語を話すこと」に対する日本の教育業界のスタンダードや、英語教育を求める保護者の意識の問題でもあるのかもしれません。教える側も、求める側も、「幼少期は遊ばせるべき」と考え、幼少教育の意義を取り違えているのだと思います。

・英語学習に対する誤解

英語教育というと、どうしても「学ぶ」とか「詰め込む」というイメージが強いようです。そのため、幼稚園や小学校から英会話教室に通うことについて「まだ早すぎるのではないか」と思われる方も多いのでしょう。実際に、アライブは詰め込み学習だと勘違いされている方がほとんどです。

しかし実は、そんなことは全くありません。むしろこの貴重な時期に、体験学習の過程で、英語を使ってコミュニケーションをするだけで、はるかに高いメリットがあるのです。遊ぶことがとても大切な幼少期ですが、遊びに学びを掛け合わせることによって、大きな相乗効果を生み出すことができるのです。

子どもたちは、遊びや楽しさの中から学び、経験し、体験し、新しい世界を発見します。きっと誰もが小さい頃、そうだったのではないでしょうか？　幼少期に体験学習的な英語教育を入れることは、詰め込み教育ではないのです。

ここを勘違いしてしまうと、とても残念なことが起こります。幼少期というとても大切な時期に、発見する楽しさや探求心が育まれないのです。幼少期から英語を学びながら、五感をフルに使って感性を豊かにする機会を持つことは本当に大切なことなのです。

・日本における英語教育の歴史と現状

こうした点は、日本の英語教育の歴史に由来するところも大きいと思います。

日本における「外国語教育」は、日本政府の教育方針に大きくかかわってきました。「外国語」という性質上、時代とともに日本を取り巻く世界情勢にも影響されてきたのでしょう。

日本の英語教育が現在のようになった理由の1つに、日本の英語教育の開始年齢が、諸外国に比較して遅かったという点が挙げられます。

また、そのほかにも日本の学習システムの問題でもあると考えられます。

・日本の学習システム

現在の日本の教育熱心なご家庭では、子どもは幼稚園の年中児から既に受験塾で詰め込み式の受験勉強に集中しています。未就園児、年少、年中児の途中まで保育園や幼稚園で「楽しく遊ぶことが大切なんです」と遊ぶ日々を送り、その後急に小学校受験の勉強にシフトするのです。

小学校1年生、2年生、3年生も同様です。日々、楽しく遊ばせているだけの環境から3年生後半、そして4年生で、突如として中学受験のための詰め込み学習に移行するのです。そして、(現時点では)中学入学の受験科目にすらなっていない英語を学ぶことを止めてしまいます。

私は、こうした子どもを本当にたくさん見てきました。彼らは目に生気が感じられず、思わず「英語は休んだほうがいいですよ」と言ってしまうほど覇気が失われています。

こうした急激な環境の変化によって、子どもたちの精神面は混乱に陥り、不安が募っているように感じます。子どもたちにとっては、学ぶことの本当の意義や楽しさを全く理解できず、ただ暗記してテストを受け、やらされている感が強いのです。

飛躍しすぎかもしれませんが、私は、仕事を楽しめず、業務をこなすだけの社会人も間近で見てきました。私自身も、若い頃からずっと早朝から深夜まで働くような毎日を繰り返してきた人間なので、人のことは言えません。ただそれでも、仕事を愛し、学びもあり、辛い中にも喜びや誇りがありました。

しかしそんな仕事の醍醐味を味わうことなく、ただ仕事に追われ、こなすだけの社会人が大勢います。それが日本型の教育の構造と何らかの意味で関係していると思わざるを得ないのです。

21世紀はもはやそのような時代ではありません。世の中の働き方が変わる中、このままの日本の教育、突然のようにある特定の年齢に達した時に行う詰め込み式学習では、子どもたちは世界を相手に競い合い、共同で何かをつくりあげていけるとは思えないのです。

■学習のあるべき姿

私は、学習とは、幼少期から少しずつ自然になされるものだと考えています。学習を学習と思わず、好きの発見、好奇心の芽生えがあり、それが探求心から学ぶ力に変わっていきます。それを応用しながらさらに深めていくために、必要に応じて暗記なども行っていくものだと考えています。

詰め込み式の学習や一夜漬けで覚えた経験のみからは、生き抜く力や未来を開拓する力にはなかなかつながりません。生き抜く力、未来を開拓する力は、子どもたちが主体的に考え、行動しなければ生まれてこないのです。

もちろん、私自身、合格を目指して暗記することは大変重要な学習方法であると認識していますし、アライブでも、覚えるための学習時間はしっかりと取り入れています。本書でも、その重要性は後述します。

ただ、ここで問いたかったことは、世界と対等に議論し合う子に育てていくには、学習年齢に限界をつけるという固定観念を取り除きつつ、従来型の暗記に頼る日本の教育と考える力を育成する教育のバランスを考え直すべきという点です。

幼少期から豊富な経験をしている子は、そうでない子と比較して、主体的に考える力が高いと言えます。そしてそれが英語で行われるのであれば、なおさらでしょう。これはアライブの子どもたちが、小学生、中学生、高校生、大学生になった姿を見ても明らかです。

私は、こうした考えをアライブの創立当初から持っていたので、アライブのプリスクールでは子どもたちの発見をより多くし、未就園児から少しずつ学ぶことを取り入れてきました。当然英語で、ですが。

園児の頃から、詰め込みなしで、2年先、3年先の小学校で学ぶことなども日常茶飯事に行います。限界をつけないで色々なことにチャレンジしていける、果敢に問題に挑んでいく子どもたちを育成していきたいという思いからです。

そのおかげで、プリスクールの子どもたちは自然に探求心を育み、知識を吸収し、考える力を身につけていくのです。だからこそ、子どもたちは高校生になっても大学生になっても、受験の時期もある程度の努力をするだけで知識を定着させることができるのです。

以前、断トツにトップの成績で走っていた学生時代の友人に、「幼少期にどのように学習したの?」と聞いたことがあります。現在、彼は京都大学で物理学を教えながら、世界の国々を代表する学者とともに天体望遠鏡などの装置を開発しています。

「自宅で親が、小学校に入学するまでに何年か先の算数を教えてくれていたが、それが本当に役に立った。あまりにも先に進み過ぎたため、塾のシステムとは合わなかったけど」「自分の子にも同じことをしたら、やはり成績がとても良かったから、この方法は間違っていなかったと思う」と教えてくれました。

幼少期から学ぶことは間違っていなかったと背中を押されたような気持ちになりました。

・英語は留学すればよい？

英語教育に限って言えば、大人になって留学すればよいのでは、という考え方もあります。私もそう考えていた頃があります。

しかし最近、他の科目は優秀な成績なのに英語だけが苦手という中学生が多く入会してくるのです。

一昔前は、高校生や大学生になってから留学すれば、英語はものになった時代でしたが、今は違うということに気がつきました。

最近では、幼少期から英語を習う生徒が多く、英語を全く習っていなかった中学生は、習う前から英語への拒絶反応を起こしてしまうのです。そして彼らはずっと英語が嫌いなまま学生時代を過ごしてしまうのです。

アライブでは、実用英語検定試験で準2級を幼稚園児で合格、大学生レベルの2級を小学校低学年で合格する子が続出しています。もし、そんな生徒がクラスの中にいれば、と想像してみてください。英語を習ったことのない生徒は、他の科目には自信があるが故に英語への苦手意識を感じるのでしょう。既にスタート地点からハンデがあるのです。

良く言えば、それほど英語の学習は私たちの身近になってきたということでしょう。であるのなら、なおさら考える力を育成できるような英語教育を幼少期から実践していくべきだと思います。

・つなげることと、掘り下げることのバランス

昨今、英語教育の進化とともに、英語でさまざまな分野を学習する科目横断的な学習の意義が提唱されています。

「もう専門科目を深く学ぶ時代ではない」「教養が大切だ」「科目の枠を超えた授業が必要だ」という声を耳にします。

教育業界の動向においても、リベラルアーツや、科目の横断性や教科を飛び越えてつなぐ学習、STEAM※1などデザインの要素を取り入れた人間重視の教育スタイルなどが注目を浴びています。

当然アライブは、こうしたリベラルアーツの重要性も認識し、さらにはSTEAM教育をはじめ、ＰＢＬ形式※2の課題解決型授業を長期間にわたり実践しているスクールですので、その理論を否定するつもりは到底ありません。その意義を理解し、賛同しています。

ただ、だからといって専門性をないがしろにしてもよいということではないと思っています。なぜならば、プロと言われる方は芸術でも、技術でも何でもそうですが、1つの科目を専門的に深く学ぶことで、それを熟成させていくことができるからです。1つのことを深く極めることによって技術的なイノベーションが生まれることも事実です。

つまり、ここで私が伝えたいのは、ある時は知識を詰め込んで覚え、1科目を専門的に深く学ぶことも必要であり、またある時は、こうした知識をつなげていく横断的な力が必要である、ということです。問題はそのバランスであり、その時々に考えてそれを使い分けることができる力です。

もっと探求心を掘り下げたり、考えたりしながら学習をしていく。そして興味のあることを覚え、それを有効活用していく。必要であれば、それらの情報をつないでいく。そうできれば、とても素晴らしいと思います。

ただ、詰め込み式、1科目の集中学習という従来の日本式の教育に対しては、21世紀の今は、横断式の学習や探求心を育む学習の時間の割合を増やしていく時なのかもしれませんが。

・英語教育を通じて、生き抜く力、未来を開拓する力を

OECD加盟国を中心に実施される国際的な学習到達度調査であるPISAの結果では、宿題がほとんどない北欧の子どもたちの理解度が日本の子どもたちよりも上位に位置しているという調査結果が出ています。このことからも明らかなように、日本の教育も、知識の詰め込みとテストに頼るという構図を大きく変えていかなければならない岐路に立たされていると言えるでしょう。

本章でいろいろと伝えてきましたが、要するに私は日本式の学習方法に、英語教育を通じて何かを投じていきたいのです。生き抜く力、未来を開拓する力の原動力となる、英語で考える力を子どもたちが持てるようになるために。

私が20年も前に予測していた通り、嬉しいことに、最近になって大学受験のあり方、そしてそれに伴って高校や中学受験のあり方も、主体的に考える力を重視するようになってきました。子どもたちが考える力を育成できる兆しが微かながら見えてきたことに、今、希望を見出しています。

※1　科学（Science）、技術（Technology）、工学（Engineering）、アート（Art）、数学（Mathematics）の頭文字を取った造語で、科学技術にアートを取り入れた21世紀の教育的アプローチのこと。

※2　Project-based learning / Problem-based learning
課題解決型の授業。生徒が課題を見つけ、その課題に対して解決できる力を身につける学習方法。

第4章

アライブが「考える力を育成するカリキュラム」を生み出すまで

第3章では、日本の教育システムの現状を見ながら、考える力を身につける学習と受験勉強のバランスについて考察しました。

本章では、「考える力」を養うために私がどのように実践してきたのか、その軌跡をたどります。

こうした考える力を育成するカリキュラムは、すぐに生まれるわけではありません。「ローマは一日にしてならず」とよく言ったものです。考える力を育成する教育は短期間で実現できるものではありませんし、創業時から今においてでさえ、私を含めアライブ全体でいまだに奮闘しています。教育とは、そのような地道なものだと思います。

■アライブは、英語教室の異端児だった

もともと、私がアライブを創立した時には「話すこと」を重視していました。

まだスクールを始めて間もない頃のことです。2001年くらいでしたが、この頃は子どもたちの英会話スクールというと「英語に触れる」というキャッチコピーが主流でした。子どもたちが英単語に触れ、英語の音楽に合わせて身体を動かすなど、「英語に触れる」だけの簡単な授業がほとんどだったのです。

もちろん私も、音楽に合わせて身体を動かすような授業も大切だと思っています。例えば、音楽に合わせて自分の身体全体で表現するような、いわゆるリトミックの手法や、英語の歌を歌ったりして五感を育みながら英語に触れることは、表現力を育成する大切な教育過程です。アライブでも、こうした授業をたくさん取り入れています。

ただ、英語をコミュニケーションのツールと考え、話せるようになる、意思が通じるコミュニケーションを取れるようになるためには、それだけでは不十分なのです。

英語での体験学習を通じて五感を育む。外国人講師の言うことを聞きながら英語の数々のフレーズを覚えてみる。学んだ知識を英語で定着する。さらに、英語でさまざまな専門科目について学び、自分の言葉で説明できる分野を広げる。リーディングなどから語彙を増やす。現実の会話のシーンで覚えた表現を使ってみる。そして、議論する環境をつくり出す。

これらを行うことで、初めて話せるようになるのです。

しかし当時は、話すことや考える力を重視した英語教育は珍しく、人気もなかったので大変な思いをしました。無料体験をしても、生徒がいっこうに入ってこないのです。

体験をした保護者の方々からは「子どもがこの英語教室は難しいと言うから」「子どもがずっと話しているのは大変そう」「英語が嫌いにならないように、英語を遊んで学べるほうがよい」と言われ、毎回入会を断られました。

もともと、自分のやりたいことを仕事にし、恵まれた環境にいた私にとって、誰も英語のクラスに入会してくれない日々は大変辛い経験でした。それまでの「市場の価値観」「業界の常識」を、私が、そして無名な小さな英会話スクールが変えるなどとんでもないことで、とてつもなく大きな壁だったことを覚えています。

また当時は、独立して間もないために、なんとか生徒にきていただくことが生活していく上での大前提でした。スーパーで大袋入りのキャンディを買い、一つひとつ袋から出して、チラシにステープラーで留めたものを大量に準備しては公園で配りました。日曜日になるとチラシを持ってポスティングに出かけ、とにかく生徒がきてくれるのをひたすら待ち続けたのです。

うまくいかない日々でも、理念やミッションを変えようとは決して思いませんでした。留学時代や海外で働いていた時代の経験から、生きた英語を身につけるためには、楽しいだけの英語教育ではダメだとわかっていたからです。「話すこと、考えること」という私の中の強い信念を、諦めることができませんでした。

子どもたちが話せるようになるには、話す練習や、話す機会を取り入れる必要がある。ただ、授業時間は限られている。どのようにしたら子どもたちがたくさん話すことができるのだろう。起業をして間もない難しさと現実に直面しながら、暗中模索の連続でした。

• "Dreams Come True!" 意見を共にする保護者の出現

思いつく限りのことはすべてやってみましたが、半年近くしても全く生徒が入ってきませんでした。

さすがに私自身の教育観が違っているのかもしれない。私には起業の才能はないのではないか。そう思ってほとんど諦めかけていた、そんなある日のことです。突然、3〜4組の生徒が入会してくれたのです。

「話せるようになる英語教室がどこにもなかった。校長の教育理念に感化された」この時入ってくれたすべての方が、こう言ってくれたのです。

ここから、アライブの快進撃が始まりました。口コミで教育に関心の高い保護者の方が、次々に入会してくれるようになったのです。「あそこのスクールに通うと、英語が話せるようになるよ」という噂はどんどん広まり、生徒が徐々に増えていきました。

長い列をつくって、保護者の方が申し込みにこられる時もありました。私は嬉しくて、ますます優れたカリキュラムやティーチングメソッドを研究したことを覚えています。

アライブが始まって間もない頃の生徒は既に大学生ですが、その後ご兄弟も全員が入会してくれました。一番年が小さい子は、まだ高校生クラスに残ってくれています。アライブは、最初に通ってくれた生徒の兄弟姉妹が皆通ってくれる、そんなスクールに育っていったのです。

■話すためのカリキュラムの作成と研究開発

実際にスクールが始まってみると、話すためには実際のテキストや教材だけでは足りないことがわかりました。そこで何枚もオリジナルの「スピーキングワークシート」をつくり、カリキュラムの専門家や実際に授業を行う外国人講師と時間があれば会議をしました。

絵だけのワークシートがよいのか、少し文字を入れたほうがよいのか。絵だけであればどのくらい必要か、どのような流れで子どもたちは英語を学んでいくのか。さまざまな選択肢を検討する中で、外国人講師や専門家と、時には言い争いになるほど熱い会議を繰り広げていたことを覚えています。

外国人講師たちも専門家も、子どもたちへの教育方針や自身の教育観など、すべての価値観がぶつかり合う時期でした。「子どもたちの話す力を伸ばす」という共通の目標はぶれませんでしたが、手法や考え方などは人それぞれ。幾度も話し合い、子どもたちの伸びていく様子を見て、ようやくワークシートの原型が完成したことを今でも覚えています。

話せるようになるためには、授業中に文章表現をリピートし、覚えた表現を繰り返し使う機会を持たせることも必要になります。リピートは意味がないと言われる方もたまにいらっしゃいますが、それは英語圏に子どもが住んでいる場合と混乱しているのだと思います。

話せるようになるためには、講師の後に続いてリピートをするだけでは足りません。リピートして覚えた英語を使いながら、身振り手振りを足すなどして伝えたいことを議論していける環境をつくり出すことで、子どもたちは自然に話すことができるようになっていきます。

英語圏以外に住み、家庭で英語を使わない環境では、覚えた英語の表現をその場で使ってみることは有意義な実践練習になります。特に、繰り返し使う機会というのは大変重要であり、子どもたちの英会話力を大きくアップさせます。

この時期は、私自身も研鑽の日々でした。科学的に効果的と言われている、文法表現をパターンで覚えるパターン・プラクティス、動作を通じて言葉を身につけるトータル・フィジカル・レスポンスなど言語学や教育の本を膨大に読み続け、ある時は海外の研究機関に直接問い合わせたりもしました。

またある時、子どもたちが英語を忘れないようにフレーズで話すという、イギリスのカランメソッド協会を見つけました。そしてカランメソッド使用校としての許可を得て、オリジナルメソッドである「アライブ式メソッド」を開発したのです。

このメソッドは、瞬時に話すことを取り入れた、話す力、日常英会話力を伸ばすメソッドです。このメソッドが完成してからも、会話をたくさん取り入れたカリキュラムを作成し、話すことを中心にした授業を実践していました。短時間に多くの会話を話すことができるこのメソッドは、現在、初歩的な段階の会話練習にのみ使っています。

・ひたすら話すカリキュラムを目指す

こうして子どもたちは、徐々に話すことに慣れていきました。ただ、この時は、経営もほったらかしにしながら、私の頭の中にはどうしたら子どもたちが話せるようになるのか、という1点しかなかったような気がします。

アライブにはアフタースクールがあり、週に1度、1回50分からのカリキュラムを用意し、生徒によって、通う頻度が異なります。週に1度の子もいれば、週に2回、3回通ってくれる子どももいます。

一方で、5歳以下の子どもが通う全日制プリスクールも、アライブにはあります。こちらも、子どもたちの年齢やその時の都合によって通う頻度はさまざまですが、年少児から年長児は、原則として毎日4時間以上にも及ぶ授業に参加してもらうのが、アライブのコースです。

このプリスクールに通っていた子どもたちは、その後小学生、中学生と進学するにつれて英語力も飛躍的に伸びていきます。既に園児の段階から堂々と議論をし、ネイティブの子どもと変わりがありません。私が後れを取ってしまうのでは、と思うほどの成長ぶりを見せてくれるのです。

一方アフタースクールの子どもたちの英語力を伸ばすのは、かなり難題です。週1回や2回の頻度では、限られた時間内にテキストを使用するだけでは理想の教育が実現できません。授業中に読み書きの時間を増やせば話す時間が短くなってしまう、というジレンマにも悩まされていました。

そして、教育に熱い思いを抱いている外国人講師と一緒にその都度直面する課題を解決しながら、日本の英語教育の弱みである「話すこと」を多く取り入れていきました。

設立当初の人手の少ない中、社員や外国人講師とカリキュラムのことを話す日々は大変嬉しいものでした。今でこそ、ようやく話すことを重視し始めている教室も増えていますが、当時「話せる英会話教室アライブ」は、異端児でした。

こうして、私はがむしゃらに走り続けました。気がつけば、アライブには「話せる英会話教室」という評判が立ち、生徒が少しずつ増えていきました。

・再び、壁が……英語を話せるだけではいけない!?

それからしばらく経ったある日のこと。「会話できるようになるだけでは何かが足りない」と感じさせられるできごとがありました。

ようやく話すためのカリキュラムを構築し、そのカリキュラムを実践して、子どもたちが話せるようになったのですが、せっかく話せる子どもたちに質問をして意見を聞こうと思っても、全く意見が出てこないのです。

「何が好き？」と聞けば、「英語が好き」と答える子どもたち。しかし、日常会話ができる子どもたちでも会話をしようとすれば、ものの数分で終わってしまいます。会話が続かないのです。例えば、「本が好き」と言う子に「どんな本が好きなの？」「どうしてその本が好きなの？」と聞いても、答えが返ってこないのです。

どの子に質問をしても、少し深い内容になると返事が返ってこなくなる。これが現実でした。

私は、英会話教育の限界にぶち当たりました。子どもたちが英語力を身につけさえすれば、必然的に考える力そのものが身につくはず。そうしたら、それを英語に直しながら意見が言える。私は、そう思っていたのです。

自分の考え方をしっかりと持っている人は、英語の表現やフレーズを知ることでその表現を使って自らの意見を言え、会話することができます。しかし、子どもたちは違ったのです。

英会話力があって英語の表現を習っていたとしても、深い内容になると相変わらず、"I do not know."、"I have no idea." という答えしか返ってこないのです。成績優秀な子どもであってもそれは同じでした。

・立ちはだかった国語力

そこで、私はあることを試みました。日本語で同じような質問をしてみたのです。

ところが驚いたことに、日本語も全く同じ結果になりました。

そこで、質問をもう少し簡単にしてみました。その頃既に地球の温暖化が問題になっていたので、高学年の生徒や中学生にそのことについて聞いてみたのです。

「地球温暖化の対策って何ができると思う？」

すると皆、首をかしげて、「わかんない」と言いました。

「世界の食糧問題について考えたことある？」と聞いてみても、また首をかしげて、「知らない」と言うのです。

もちろん、全員が全員ではありません。ただ、ほとんどの生徒がこのような反応でした。日本社会では、「知らない」「わからない」と発言しても、誰も疑問を持ちません。わからなければ思考停止して、首をかしげる。そんな習慣が当たり前になっていたのです。

海外のように、日常的にものごとを議論し合う環境が全くない。そのことを知った時、私はとても心配になりました。「日本の将来は、本当に大丈夫なのだろうか……」と。

あるいはそういう意見を聞かれることに慣れていない、日本社会や文化の問題なのでしょうか。いずれにしても私は、今度は国語の作文教室をやらないといけないと確信したほどです。

・国語の家庭教師を経て気づいたこと

そんなことを考えていた時です。タイミングよく、古くからの知り合いから「家庭教師として、自分の子どもに国語を教えてくれないか？」と頼まれたことがありました。小学校6年生の受験生を、英語ではなく日本語で教えることになったのです。

家庭教師は、日曜日の夜。内容は、国語の文章読解を教えるというものでした。まだまだ起業して間もない頃で、生活をしていく上でも仕事が必要だったため、この家庭教師の仕事を引き受けることにしました。

私は、文章読解の問題を解きながら、その子が本当に内容を理解しているか、さまざまな角度からその子の考えを引き出すようにしました。子どもに質問を投げかけ、対話しながら「自分で考える」ことを教えていったのです。

ちなみにこれは、私が大学院生の時に法学研究のゼミで徹底的に教え込まれたことでもありました。

そのトレーニングを3ヶ月ほど続けたところ、生徒の成績が急激に伸び始めました。その知り合いからは、次に「友人の子どももお願いだから見てあげてほしい」と新たに家庭教師を頼まれたのですが、その子も同じような方法を取り入れてみると3ヶ月ほどで文章読解力が伸びていったのです。

このことからもわかる通り、考えて発言する力は国語力の問題に大きくかかわってきます。日頃から考え、意見を言う習慣が身についていないと、急に質問された時に答えられないのです。それは日本語であっても、英語であっても同じこと。だからこそ話すだけでは足りない、考える力を育成するカリキュラムが必要なのです。

そこで、私は、この引き出し方のテクニックについて、講師、カリキュラム担当者、トレーニング担当者と共有し、ついに今では、「なぜ?」と質問しない子のほうが少ないスクールになっていったのです。

この教え方が、現在のアライブのカリキュラムの特徴であり、21世紀に必要とされる力であるクリティカルシンキングやクリエイティブシンキングのベースとなっているのです。

今、自信を持って「ようやく時代が私の考え方に近づいてきたのだ」と誇らしい気持ちになるのです。

第5章

考える力を育むために
〔探求心を引き出すカリキュラム〕

第4章では、アライブが、考える力を引き出すカリキュラムを生み出した経緯を紹介しました。

それでは、子どもたちが英語教育を通してEQやIQを高めながら考える力や行動する力を育むためには、私たちはどのように教育を進めていけばいいのでしょうか。

この点、子どもたちの考える力、行動する力は、カリキュラム、ティーチングメソッド、講師や担当するスタッフの資質、スクールマネジメントや組織文化、環境など、さまざまな教育的要素が関連するのです。

その中でも、特に、適用されるカリキュラムやプログラムの質は、知識の習得や考える力の育成に大きな影響を与えると考えています。

教育学におけるカリキュラムとは、いわゆる発達段階や学習目標に応じて系統的に配列した教育課程のことです。

今日のカリキュラム学は諸説あり「カリキュラムが身の回りの意味に関連づけられて作成されるべきなのか」「知識の教授に重点が置かれるのか」など、教育学的に論じられています。

ただ本章では、そのような理論軸からではなく、幼少期の教育的な視点から「探求心を育む」という点について言及します。

■探求心を育むカリキュラム・プログラムであること

子どもたちの知的好奇心を駆り立てつつ、考える力を身につけるために最も必要なこと。それは、好きだ、やってみたい、知りたい、と思わせるようなカリキュラムをつくることです。

特に私がこだわっているものがあります。

子どもたちの興味を喚起し、考える力を持つためには「これなんだろう」「もっと知りたい」と、幼少期の段階で彼らに好奇心を芽生えさせることです。この小さな好奇心をきっかけにして、もっと先の探求心へとつながっていくからです。

例えば、英語教育では英単語や英語のルールそのものを覚えることはどうしても必要です。しかし英単語や文法などを覚えるのは短調な学習のため、子どもたちはすぐに退屈してしまいます。そこで、テーマのトピック、覚える過程、ティーチングメソッドなどを工夫し、子どもたちが好奇心を持ちながら、理解し、覚えていけるように誘導するのです。

・好奇心とは

探究心を育むためのきっかけとなる「好奇心」。日々の生活環境において、子どもが、「ねぇ、これって何?」「どうしてこうなるのだろう?」「これはどうなっているの?」と、1つのことから興味や関心を抱くことがあります。これが好奇心です。

公園で虫を観察している時、絵本の続きのページを見たい時、プログラミングの授業で何かのボタンを触ってみた時、ロボットのアームを動かしてみたい時などがこれにあたります。

好奇心は、これに触ってみたい、これを試してみたい、これを見てみたい、匂いを嗅いでみたい、というような五感とのかかわりを経て育まれていくものです。子どもたちが外の世界とかかわり始め、それが好奇心へと変化していく時、さまざまなものごとに対して「なぜ」という疑問を抱いていくのです。

・探究心とは

好奇心からつながる、探求心。探究心について、広辞苑には「あるものごとをあくまで探し求めようとすること」と記されています。

「子どもは、一度集中すると、満足するまで何度でも同じ作業を繰り返す」と、教育学者のモンテソーリーは語っています。

また、同じく教育学者であるグリーンバーグは、「子どもは本来、好奇心のかたまり」と言い、いろいろなことに強い関心を抱き、関心を持った時に知識を集中すれば集中力が高まり、学ぶ力は驚くほどあがると指摘しています。

言葉の通り、「探し求める」という気持ちこそが探求心だと私は思うのです。

好奇心が高まり探求心へとつながり始めると、子どもたちの中で初めて、考える力や自分なりの意見が生まれてきます。暗記で得た知識ではなく、自分の心や頭で考えた意見が生まれてくるのです。

■探求心を育む「ハンズオン」教育・体験学習

では、こうした好奇心や探求心は、どのようにして芽生えるのでしょうか。
まずは、子どもたちにたくさんの経験をさせることから始まります。

・心の動きが芽生えるにはたくさん体験する

探求心を育むプログラムといえば、実際に手で触ったり、つくったりする、参加や体験を通じて学ぶ「ハンズオン教育」「体験学習」などがあります。

心理学者のピアジェは、本質的な理解にアプローチしない教育方法に違和感を覚えていました。それは特に、数字を単に数えるような教育に対してでした。

数の概念を理解するための第一歩として数を数えられるようになることは大切ですが、数の本質的な理解をしなければ意味がないと考えたのです。こうした懸念から、ハンズオン教育の発展につながっていったと言われています。

言うまでもなく、ハンズオン教育や体験学習は「考える力を養うためのアプローチの1つ」です。ハンズオンとは、実際のものを使う、直接手に触れてみる、実際の題材を使う、実際に自分も参加してみることと考えられています。

また、体験を通じて学ぶ、という意味でも使用されることがあります。ハンズオン教育は、机上ベースでの知識を得る方法とは逆の意味があるのです。

ハンズオン教育では探求心が育まれやすいと言われているため、子どもたちの考える力や行動する力を育成するのに最適です。また、年齢が低ければ低いほど吸収しやすいと言えます。幼少期から、体験学習を通じて子どもたちはさまざまなことを発見するのです。

私はアライブの創立当初から、このハンズオン教育の重要性を訴えてきました。ハンズオン教育は実際に目で見て、手で触り、五感をフルに使うため、精神的にもとてもよいからです。

このハンズオン教育の効果については、これまでもさまざまな学説が発表されています。

教育学者のブレダーマンは、理科を題材にし、「アクティビティベースで学習した生徒は伝統的なプログラムを受けた生徒と比較して成績が向上する」という証拠を発見しました。

この他にも、多くのハンズオンの成果を報告する記録があります。

・ただ、ハンズオン教育だけでは不十分

ただ、その一方で、ハンズオン教育というアプローチについて疑問を持つ意見があるのも事実です。同じく教育学者であるホドソンは、講義と体験学習の授業スタイルなどを入れ替えても「学習成果について概念の習得という点では、これらの学習スタイルからもたらされる結果に違いはなかった」と述べています。

こうした点を踏まえ、また、私の経験からも、ハンズオン教育の重要性を認めつつも、ハンズオン教育を取り入れるのには注意が必要だと感じています。

ハンズオン教育だけを行うのではなく、日本独特の計算方法である九九を覚える、歴史の年号を覚える、古文を暗記するなど、知識を吸収する、覚える学習も取り入れていくべきだと考えています。ハンズオン教育での学習だけでは知識を定着させることは難しく、理解するだけでは忘れてしまうからです。

知識として年号を知っているだけで、その時代がどんな時代だったのか、誰が活躍していたのかが瞬時に頭に浮かびます。それに、暗算できるようになっておけば、仕事でも大変役に立ちます。

ハンズオン教育はあくまでもモチベーションを高めて探求心を育むことが目的で、実物を見て科学的に観察する手段の1つなのです。ハンズオン教育は学ぶきっかけをくれるものであり、学ぶ動機を高めるものであり、そこから知識や考える力につなげていくには、理解し、記憶して知識を定着することに加えて、教える側の問い方、応用の仕方などが大変重要になってきます。

・記憶を定着させる教育の重要性も忘れない

記憶して知識を定着することについて少しだけ触れておきます。

日本の教育は、知識重視、暗記重視と言われています。しかし私は、こうした歴史の年号や九九の暗記などは、確かに有効な学習の1つだと思うのです。私も幼少期に百人一首などを暗記したり、歴史の年号や地域の特産物などを暗記していましたが、それから随分時間が経った今でも、ふとした時に思い出したり、生活の役に立ったりしていることを実感します。

また、知識があってこそ、仮説が立てられ、応用できる力が育ちます。こう考えていくと、知識を吸収し、それを覚えるというカリキュラムも教育にとってはとても大切なのです。

それなのに、探究心が先立ってしまって暗記や知識の吸収を避けて通るようになるというのは、決して良い傾向とは言えません。

結論として私は、探求心を育むプログラムの実践と基礎となる知識をバランスよく教えていくことが重要だと痛感しました。そのためアライブでは、知識を吸収することの大切さ、知識がどのように役立つのか、楽しく覚えるためにどうすればいいのかなど、さまざまな教え方を工夫して解決にあたっています。

幼少期の子どもたちの脳は、まるでスポンジのように知識を吸収します。この時期に考える力を育むカリキュラムを取り入れれば、驚くほどに多くの知識を自然に身につけられ、将来、それを柔軟に活用していける力が培われるのです。

■ハンズオンカリキュラムを実践する時の注意点

・ハンズオンを活かすには、その分野の専門的な知識が必要になる

将来、探求心を引き出し、子どもたちがその先を理論的に知りたいと考えるようにするには、カリキュラムを考える側に、その分野の専門知識が必要になります。そうでなければ、一過性の楽しさで終わってしまいます。

1つ例を挙げてみます。子どもに、色をテーマにしたアート系のハンズオン教育を行うとしましょう。

色紙や絵具を使う場合、単に「絵を描いてみましょう」と指導する授業と、色の基本的な意味を学び、その色が身の回りでどのように使われているのかを考察する、あるいは反対色などを使って発想の転換を試みる授業とではどちらがよいでしょうか。違いは明らかです。後者では、子どもたちの視野が大きく広がります。

また、小学校で理科の光合成について実験する場合、当たり前のことですが光や水などの1つだけの条件を変えて観察します。私はこの科学的な実験におけるルールを知らずに、ハンズオン授業を行っている動画を見て違和感を覚えたことがあります。

ハンズオン教育を効果的に実践するためには、教育者は、どの部分をハンズオンにするのか、子どもたちに必要な知識は何か、どこを発展させて議論するべきかを、事前に予習することが必要となります。その科目の全体像を把握するだけでなく、なおかつ一つひとつの内容を深く掘り下げて理解しながら、です。

このようなことを踏まえアライブでは、その分野で博士号を履修中の外国人講師や、プロとして社会で活躍している専門家とともに、入念にプログラムをつくっているのです。

・準備やコストも視野に入れ、計画的に行う

また、ハンズオン教育を行う問題点として、コスト的にも大きな負担がかかるということも指摘しておきます。準備面、安全面、管理面、金額面と、さまざまな面で難しいのです。

このような課題的な側面についても考えておかないで「面白いからたまに取り入れてみよう」では、「1回だけ楽しかった」「前回は実験があったのに」と思わせて逆に授業をつまらなくしてしまい、子どもたちのモチベーションを下げてしまいます。

・PDCAの活用

ハンズオン学習は、教える側の講師にとっても知識を増やし、考える力を育成するという意味において、非常に高い価値をもたらします。これから行う授業について子どもたちからさまざまな質問が飛んでくることが容易に予想されますし、子どもたちに対して「知らない」は通用しません。ですから、必然的に予習する時間も増えていくのです。

そして、授業を終えた後に、講師とのフィードバック会議を定期的に設けています。そうすることで、「例えば異文化を学ぶテーマであれば、国技などのスポーツに変えたら、高学年の生徒はもっと喜んだよ」「その国のナショナルカラーを身につけて学習する日などを決めたら、教室がカラフルになり、環境ごと楽しめるかも」とか、「世界遺産にもつなげてもっと世界を知るように仕向けては？」「その国をリサーチしてみるとその国々に行きたくなるのでは？」というように、講師もまた多くのアイディアを生み出してくれるようになるのです。

このような PDCA サイクルを駆使したカリキュラムづくりは、予想以上に時間がかかります。それに、次々に改良するため、過去のカリキュラムの使い回しができず効率性も悪くなります。

コストを常に考えなければならない私企業の経営者としての立場では、頭を抱えているのも事実です。それでも良いものが生まれる瞬間は、経営者よりも教育者としての私の心が大きく揺さぶられます。このかけがえのない時間を削ることは、到底できないのです。

・探求心を育むこと、専門教科を英語で学ぶこと

探求心を育むカリキュラムを行う場合は、英語で理科や社会などの他の教科を勉強することが多くなります。そして、このように、外国語を手段として使い、他の科目を学ぶことを「イマージョン教育」と言います。英語を教科として学ぶのではなく、「手段」として学ぶのです。

このイマージョン教育は、英語で考える力を養うことができるという点で大きな意義があります。また、専門科目のボキャブラリーも身につきます。そして、この点は、あまり語られていませんが、私は、このイマージョン教育の最大のメリットは、「ある科目を英語で学んだという自信を持つことができる」という点だと思っているのです。

「たまたまその教科を英語で習ったことがあるから、内容がわかるんだ」「私、英語で理科を習ったことがあるから、学ぶのは2度目だよ」という意味の科目自体に対する自信だけでなく、「自分は、これを英語で学ぶことができたのだ」という自信が生まれるのです。

英語ですらすら答えられなくても、つたない英語でも、「英語で学べた」という自信は、将来に大きくつながります。

ただ、イマージョン教育は言語学とは違いますから、イマージョン教育を通じて英語力のアップにすぐにつながるものではありません。ですから、私は必ず英語自体を学ぶ授業とともに受講することを奨励しています。「正確に英語を話す」ことに役立つ学習方法ではないという点は注意が必要です。

■探求心を育む授業例

小学校の理科の教科書の単元が、春、夏、秋、冬に沿って、カリキュラムが組まれていることをご存じですか？　もちろん、季節感を表しにくい物理や化学などの単元もありますが、天文学、生物学などに関しては、四季の変化と密接にかかわるカリキュラムがつくられているのです。

例えば、アライブでは、春には花や虫などの生物の活動を観察し、春に目覚めるさまざまな自然に触れることを英語で行います。また、夏、秋、冬にも同じ場所に行って定点観測します。まるで学校で行われる理科や社会の授業のようですが、そうすると、季節ごとの変化を子どもたちが肌で感じ取るようになるのです。

こうした体験の積み重ねを英語に絡めてカリキュラムに組み込んでいます。市販の教材を使う場合にも、言語の学習でとどまりません。できる限り幼少期から英語でものごとを考えたり、英語で頭を使うカリキュラムを取り入れています。

続いて別の例を挙げましょう。世界の国旗について英語表現を学ぶ授業をイメージしてみてください。

一般的には、講師が生徒たちに国旗のピクチャーカードを順番に見せ、生徒一人ひとりが講師の発音の後に続き順番に発音するというような練習が行われています。これは英会話を習得する基本の学習スタイルで、もちろんアライブでも行っています。

ただ、異なる点は、国旗と国の名前という情報だけを生徒に伝えるのではなく、それに付随するたくさんの情報も一緒に伝えるという点、考える力を育成するプロセスを、英会話の時間に取り入れるという点です。

アライブでは、リピートする前に、それぞれの国の食べ物や文化を生徒たちに伝えたり、話し合ったりする授業をしています。国旗の色の意味を考えてみたり、国旗の模様に込められた意味について意見を出し合ってみたり。他にも、生徒独自のオリジナル国旗をデザインしてその意味を発表するという授業も行います。

このように、国旗という素材を使って、ブレインストーミングをし、国旗に関連する内容を連想させて子どもたちの知識の幅を広げていくのです。

実際に探求心を育んだカリキュラムを実践することで、子どもたちにも変化がありました。例えば、探求心を育むカリキュラムで育った子どもたちは、「先生、これどうしてこうなっているの?」「それって何?」というように、質問をたくさんしてきます。

あまりにも質問が多いので授業が脱線する時もありますが、アライブではわからないことを考えるだけでなく、定義や本質を伝え、さらにその定義を疑うクリティカルシンキング、新たな仮説を自分で考える力などを、英語の授業に取り入れています。

さらには、レクチャー形式ではなく、子どもたちが主役となって意見を発展させていけるように仕掛けています。そうすると、講師が予想もつかないアイディアを子どもたちが次々に発表するようになります。講師のほうが学んでいるのではないか、と思えることも珍しくありません。

また、このような授業を「算数」「社会」「理科」というように、単体の科目に当てはめることは難しい時があります。いわば科目横断的な授業であって、「国旗」を軸にさまざまな知識をつないでいる、と言ってもよいかもしれません。

・シーズナルスクールの意義

講師や子どもたちの探求心を培い、考える力を育成する題材として、シーズナルスクールが挙げられます。シーズナルスクールとは、季節（シーズン）ごとに開催されるスクールのことです。

アライブでは、シーズナルスクールとして、春、夏、冬の休みに集中してさまざまな専門分野の学習を行うコースを設けています。テーマはなるべく世の中の関心度が高いものや、将来子どもたちにとって必要になるであろうテーマを取りあげています。

シーズナルスクールでは単に理科、社会、SDGsなどの専門分野のテーマを取りあげることはしません。時にはその分野の専門家の意見を聞いたり、リサーチをしたりしながら、その時々において子どもたちが今後身につけることが大切になるテーマを題材にするのです。

このシーズナルスクールは、アライブの事業チームと外国人講師が中心となって企画から運営に至るまでを行っています。

集中的な英語のプログラムで、春休みや夏休みに行うため、子どもたちは1日中英語を使います。また、英語学習歴や年齢などに応じて英語のカリキュラムをレベル分けし、それぞれの生徒に合ったプログラムを少人数で実施しています。

これまでに扱ったものとしては、次のようなテーマがあります。理科の実験、宇宙科学、物理学、歴史、国際情勢、世界遺産、SDGs、オリンピック、ファッション、ヒーロー、文化、芸術、音楽、絵本、経済、お金の流れなど。創立時から行っているため、その内容はあらゆる分野を網羅していると言えます。また、シーズナルスクールの中の理工学に特化したSTEMキャンプでも、プログラミングやテクノロジーを専門的に英語で学んでいます。

シーズナルスクールには、初心者の子どもたちも参加しています。ただ、英語を始めて間もない生徒がこのような専門分野を学習することは大変難しく、ハードルは高いです。

保護者の方々から「英語が全くわからないと言っている、日本語訳をつけて行ったらどうか」と言われることもあります。しかし英語が母国語（母語）でない限り、将来も英語への推測力は必要になってきます。ですから、あえて私は日本語訳をつけないルールに徹しています。

それでも1日、2日と続けていくと、3日目、4日目には子どもたちが身振り手振りで英語を伝えるようになるのです。子どもたちは、ここでもアート作品を完成したり、劇づくりを皆で行ったり、作品や実験を通して、英語を使ってさまざまな分野を学習し、それに対するチームワークを実感するのです。

1日目は難しくて嫌がっていた子でも、1週間経ってプログラムが終わると、皆と離れたくないと言って泣いたりします。シーズナルスクールは、子どもたちの考える力を養うだけでなく、チームワークを築く上でもとてもよいカリキュラムです。

アライブでは1年前から準備を始め、その年のシーズナルスクールが終わったらフィードバック会議を開いたりしながら、子どもたちが楽しく参加できるように毎年改良を重ね続けています。

■探求心を育む力をつけるカリキュラムの課題と対策

探求心を育み、考える力をつけるカリキュラムを実践し続けていくことで、気がついたことがあります。ここでは、実例を挙げて、その課題と対策について説明します。

このように、探求心を育むプログラムを継続し続けることで、新たな課題も浮き彫りになりました。

・覚えるという学習に対しての興味の減少

幼少期に探求心を育むプログラムを実践してきた生徒は、探求心がそこまで必要ではないプログラムを実践すると、興味をあまり示さなくなってしまったのです。

暗記や知識を吸収するという基礎の重要性が霞んでしまい、基本をおろそかにする傾向が出てきてしまうことがあるのです。

「もっと難しいことがやりたい」「知りたい」というのが、彼らの意見です。

以前、英語で「リサーチ&ディスカッション」というクラスを実施していました。このクラスには、リサーチの仕方やリサーチ内容を皆で共有する時間、探求する時間、意見を交わす時間、そして英語での議論の仕方を学ぶ時間がありました。

英語での議論の仕方を学ぶ時には、言語を繰り返し練習し、英語表現を覚えていく時間がありますが、この時間について「内容を深めていく時間に変えてほしい」という意見がたくさん出たことがありました。

一見すると、この現象はとても良いことのように思えます。しかし、探求心が一番になり、単純な「英語表現を覚える」というような授業に興味を示さなくなってしまいます。また、わからないことが気になりすぎて機嫌が悪くなる子も出てきてしまいました。

こうした問題を解決していく上で、外国人講師とともに取り組んだ解決策は、覚える学習を楽しみながらできるようにする、ということです。覚えること、暗記することも大切な学習の1つであると、論理的に説得しても、子どもたちは納得いきません。

であれば、1つ目として、覚えていることがどのように役立つのかを自ら実感できるような授業を行うこと、2つ目として「気がつくと自然に覚えていた」となるような、アクティビティを実践していくことだと考えました。

「今、習ったことを1分間で覚え、自分の言葉で正確に説明してください」と授業中にアライブの講師が言っているのをよく見かけます。

子どもたちの集中力を高めるため、時間を計りながらゲーム感覚で必要なことを覚え、それを発表する機会を与えるのです。するとクラスの雰囲気が盛りあがり、たったこれだけで子どもたちは重要な内容をいとも簡単に覚えてしまうのです。そして翌週またレビューをし、繰り返し継続していくと、さすが子どもの脳です。いつの間にか、情報はあっという間に定着しているのです。

・簡単な内容を軽んじる傾向

さらに、プログラムを自分の探求心で判断し、簡単で基本的な内容のものを馬鹿にしてしまう子も出てきてしまいました。

そして「内容を見たら、年齢よりもかなり先のことはやっていただいているようですが、もっと難しいことをやってほしいと子どもが言うのです」という意見も保護者の方々からいただくようになりました。

「応用力や視野を広げるには、まずは基本の知識を習得してほしい。基本をおろそかにしないように」と説明しても、納得していただくことが難しい状況に遭遇し、「そうではないんだけど」と子どもたちのことを考えながら、歯がゆさを感じたことを覚えています。

そこで、子どもたちが学ぶのを嫌がる基本的な知識について「そんなことはわかっているよ」

という生徒に対しては、幾つかの重要な質問をすることで、その知識がいかに大切かを知ってもらうようにしました。

授業のどこで、こうした内容を実践するのかがポイントです。機転を利かせて質問することが必要なため、かなり高度なテクニックが要求されます。

・聞く力の欠如とその対策

考える力が身につき、意見を発信できるようになったら、今度はまた別の課題が現れます。それは、「人の意見を受け入れる」という姿勢です。意見を伝えられるようになってきた子どもたちは、自分の意見を伝えられることに喜びと興奮を感じるようになってくるため、なかなか講師の言うことや友達の意見を聞こうとしないのです。もっと知りたいがために発言の順番を待てなくなり、他の人の話が聞けないのです。

探求心を育み、考える力を育成するプログラムは、それほど参加する者を魅了し、興奮させ、たとえカタコトの英語を使ってでも自分の意見を相手に伝えたい、という気持ちにさせるのです。

「人の意見は聞くことが大切ですよ」とどれだけ注意しても、年齢の低い園児や低学年の生徒は、テンションがあがってくるとすぐに忘れてしまいます。そしてまた"I know it."と、別の生徒に聞いている質問でも割り込んで答え始めるのです。このような現象は頻繁に起こりました。

そこでクラスルームで共有する何個かのルールを決め、クラスで確認し合ったり、人の話を聞くことの大切さをストーリーの中で表している絵本を読み聞かせるなど、皆で聞くことや人の意見を受け入れることの大切さについて学ぶ授業を多く行いました。

この結果、子どもたちは他の人の意見を受容し、楽しい意見の時には大きな笑顔を見せたり、他の生徒の意見をリスペクトしていけるようにもなりました。

人の意見を聞くことについては、将来、世界で活躍するリーダーとなっていく上でも重要なことです。講師がクラスメイトの意見をできる限り尊重して皆で拍手をする。個々の異なる意見に対応しながら授業につなげる。「人の意見を聞く」というルールをクラス内で決め、クラス全体の共有ルールをつくる。たったそれだけでも、他人の意見を受容する仕組みができあがります。そんな些細な仕組みが、子どもたちを大きく変えるのです。

・一番の悩みである英語力の伸び

この探求心を育むプログラムのスタイルは、アライブが創立されてから今に至っても継続されています。

ハンズオンカリキュラムの準備に時間や手間がかかるのは、前述の通りです。それだけではなく、ハンズオンを取り入れている時、英会話は手段に偏りがちになります。つまり、ハンズオン授業にすると、英語を使っていても、それは英会話の授業ではないのです。

「英語を使って何かを体験する」という授業形式になるため、英語の文法構造を学習したり、英語の表現を覚えたりする時間ではなくなってしまいます。

実際に、当時プリスクールの保護者の方々からも「英語を学ぶためにアライブにきているので、少しでも英語の学習に変えてください。英検の学習でもよいです」と言われたことが幾度もありました。英語で、しかもハンズオン教育で、さまざまな分野を学習するプログラムのみを行っていたのでは、正確に英語を話す力や英語力がなかなかついてきません。

教育を重視したプログラムを多く取り入れた期間と、言語学を多く取り入れた期間を比べてみると、英語力に違いが発生するのも事実です。

これらを踏まえ、英語力を高めることとさまざまな分野の学習をどのように両立させていくのかについては、外国人講師やスタッフと気が遠くなるほど話し合い、研究を続けてきました。

この結果、生徒の学習頻度に応じて次のように分けることにしました。

プリスクールのように長い時間が許されるのであれば、ハンズオンをベースに言語学の時間をしっかりと取り入れる。一方、アフタースクールのように、一定の時間しか与えられていなければ言語学を主にして、そこに探求心を取り入れるようなカリキュラムを育む。こうすることで、プリスクールに通う子どもたちの英語力は非常に高まっていきます。またアフタースクールでは、子どもたちの探求心が育まれていくのです。

そして、この方針の後押しをしたのが、海外視察の経験でした。

・英語を教えるだけではない、とアライブが結論づけた理由

アライブは保護者の方々と一緒につくりあげてきた学校ですから、このまま考える力を育成する教育をひたすら進めるべきか、それとも英語力をあげるために教育的な側面は削るべきか、私たちはとても悩みました。

アライブが創立してまだ間もない頃のことです。

その頃、私はアメリカのカリフォルニアへ教育視察に行ったのですが、そこではたくさんの幼稚園や小学校を見せていただきました。今でも、さまざまな教育機関を訪問していますが、この視察は大変役に立っています。

だいたい、毎日3つほどの園や小学校を回り、一人ひとりの校長先生や担任の先生と教育についてお話をさせていただきます。

その時に足を運んだのが、ラ・カナダという西海岸の有数な教育エリアで、幼稚園や小学校をたくさん回ったことを覚えています。この時に印象に残ったのは、それほど規模の大きくな

い、ある幼稚園でした。この幼稚園では、フィールドトリップに頻繁に出かけたり、ハンズオン授業を大事にしていました。

ここから巣立っていった卒園生には、アメリカ航空宇宙局に勤めたり、優秀な大学に進んで素晴らしい研究をされている人がいる、という話を聞き、私は「ぜひこの先生たちから教育についてたくさんのことを学びたい」と思ったのです。

この時の幼稚園児だったランスさんが最近日本を訪問し、アライブの生徒に会いにきてくれました。彼女は既にカリフォルニア大学ロサンゼルス校のジャーナリズムを専攻する優秀な大学生に成長していました。この頃の私の選択は間違っていなかったのだと安堵しました。

そして、この幼稚園を視察した後、園長のローズ先生とリーダー長のスーザン先生を日本に招くことにしました。

そして2人には、アライブのサマースクールで実際にクラスを担当していただいたのです。その準備も含めた3ヶ月間、2人には私の自宅に泊まっていただきました。その間は、毎夜遅くまで幼児教育について議論をしました。

私たちは、朝一番でサマースクールの子どもたちとともに過ごし、夜遅くまで、子どもたちが一番興味を持つことは何か、体験学習がどのように子どもたちの将来に影響するのか、子どもたちの運動技能をどう考えるか、教育と言語の習得はどのようにかかわってくるのかなど語り合ったものです。

また、ローズ先生の姉がアメリカの小学校の教育関係の仕事をしていることで、小学生の教育についてもさまざまな角度から話すことができました。

私はこの時に確信しました。アライブは教育の学校であるべきだと。今だけ英語力が高くても意味がない。私たちは子どもたちの将来を背負っているということに改めて気づいたのです。

教育の専門家たちとの3ヶ月に渡る議論は、私の教育観にとても大きく影響を与えました。アライブのカリキュラムがさらに質の高いハンズオンに変わったのは言うまでもありません。

・やはり子どもたちの成長した姿に答えが

これも成長した子どもたちが教えてくれたことです。

英語表現だけを覚え、英語だけに触れている子は、ハンズオンを経験している子と比較し、英語を忘れるのもあっという間だということです。

ハンズオン教育は、時間も、コストも、知識も必要で、一定の短期間に英語学習だけを行っている子と比較すると、一見英語力が劣るように思われるかもしれません。

しかし、長期間英語を継続して学んでいる生徒においては、英語を忘れない、同時に考える力がついてくる、という点において、大きなメリットがあるのです。

アライブのシーズナルスクールを見ても明らかです。

シーズナルスクールでは、すべての授業はハンズオン形式で探求心を育む内容になっています。このコースに毎年参加している生徒の考える力と英語力は、アフタースクールを受講しているだけの生徒でも、著しく伸びているのです。

■教育の学校としてのアライブ

英語だけを集中して教えていくべきか、教育のスクールであるべきか私が悩んでいた時、当時のあるスタッフと「アライブをどんな学校にしたいか」について話しました。

彼女は私にこんなことを言ってくれました。

「三井先生、私たちは子どもたちの将来を預かっています。今、この一瞬が子どもたちの将来につながっているんです」と。

私たちは「ずっとこの子たちの先生だ」という気持ちは持っていましたが、改めて彼女の口から堂々と言われると嬉しく、目の覚める思いがしました。

現在、0歳だった生徒が19歳になり、子どもたちの成長の様子がよく見えるようになってきています。英会話だけではなくて、英語と教育を併せて教えていった生徒のその後を見てみると、どの生徒もしっかりと考える力を養って、日本の著名な大学や海外の大学などで大きく活躍しています。

アライブ創立当時の日本では、英語でさまざまな体験をしているスクールはほとんどありませんでした。しかし私は「やっぱり私たちの教育への考え方は正しかった」と確信しているのです。

■周りの大人も学ぶ

子どもたちの好奇心を引き出し、それを探究心につなげていくためには、私たち大人もまた、子どもたちの興味のあり方、発達段階における変化や特徴などを、さまざまな角度から学ぶことが必要です。

日々の生活を担っている保護者の方々の日常は、大変忙しいことは理解しているつもりです。アライブの保護者会や教育セミナーでお会いする度に「忙しくて家庭学習には手が回らない」

と言われる方がほとんどですから。

しかし、幼少期に親が子どもと触れ合う時間を持つことは、その子の記憶に残ります。また、保護者の方々に教育的な知識があることで、何かがあっても不安に苛まれることなく、子どもの成長を見守ることができます。その結果は計り知れません。

子どもたちと一緒に新しいことを発見し、驚くだけでも、喜びや驚きを共有した時間はとても貴重な思い出になります。子どもたちは、大好きなお父さん、お母さんと一緒に何かをすることが本当に好きだからです。

特に、保護者の方々のこうした教育への理解や協力が、探求心を育む環境づくりに欠かせません。それらが総合的に実現されることで、私たちは、初めて子どもたちの探求心を生活と結びつけ、学ぶ意欲につなげていくことができるのです。

■今の生徒たちを見て思う

考える力を引き出すには、とてつもなく努力と忍耐が必要です。そして、このような試行錯誤の日々を経て、0歳、1歳、2歳だった子どもたちは中学生、高校生、大学生になっていきました。彼らの姿を見ると、私の教育的価値観は間違っていなかったのだと思わされます。

つい先日「アライブがあったから、英語の先生になって英語の楽しさを伝えようと決めた」と、高校教師になった生徒が会いにきてくれました。

20年近くもの間、アライブに通い続けてくれる子がたくさんいること。

子どもたちは、私に、教育のあるべき姿や今までアライブで実践してきたことへの正当性を与えてくれました。

それだけでなく、さらに良いものにしたいという教育への情熱も、子どもたちにずっと長い期間アライブに通ってくれるためにはどうしたらよいのか、という人生のミッションも与えてくれました。

この頃の「子どもたちの授業を見て保護者の方々と接し、話し合う時間」。これがどれほど私にとって、今のアライブにとって財産になっているか、計り知れません。

第6章

考える力を育むために

〔プロフェッショナルな「本物」にこだわる〕

■百聞は一見にしかず

考える力、行動する力を生み出すために、私が強くこだわっていることがあります。それは、子どもたちを本物に触れさせるということです。ここでいう本物とは、いわゆるプロフェッショナル、その分野での専門家に触れるということです。これは、ハンズオン教育のプログラムを構築する上でも重要な要素になっているのは、前述した通りです。

・本物にこだわる理由

本物にこだわる理由は何点かあります。

例えば、理科の実験やアートクラフトなど、インターネットの世界ではさまざまな学習方法が記載されているので、今では誰もがそれらを真似て授業をすることはできます。

しかし、それでは本物の教育を提供しているとは言えないと私は考えています。例えば、英語の言語学であれば専門の教授に、宇宙の学習であれば専門の研究者に、アートであれば本物の芸術家に学ぶことができれば、子どもたちはどれほど貴重な学びを得ることができるでしょうか。

一つひとつのアートクラフトの裏に隠されている、さらに細かい狙いや専門家の視点などは、やはりアートのプロのトレーニングを受けるのと、そうでないのとは大きく異なります。

そう考え、アライブでは第一線で活躍されている方々に打診をし、講師やスタッフが彼らから専門的な見地を吸収しつつ、「学ぶべきこと」の本質をしっかりと捉えるよう心がけています。そして、専門家が考える教育的な観点、プロフェッショナルな視点をカリキュラムに取り入れているのです。

その結果、どうしてこの実験をするのか、どうしてこれをつくるのか、つくっていく上で何が問題になってくるのかということを、子どもたちが直に感じることができるようになります。高度な知識も得られ、社会とつながるプログラムを体験することができます。

本物を知っている人が教えることで、それを受け取る生徒側にも大きな違いが生まれると私は考えています。本質を学べるという意味でも、本物に触れることは大事なのです。それに、こだわりのある本物には人を惹きつける魅力があります。

素人がどんなに本質について語ったとしても、本物に実際に触れてみる、本物のプロに教えを乞うてみるのとでは、雲泥の差が生まれてしまうのです。

アートのプログラムを芸術家に聞くと、一見難しそうに見えるアートも子どもの目線で組み立てていけるようになるそうです。それをきっかけに将来は建築家になりたいと思う生徒も多く生まれると言います。

以前、ある芸術関係の大学で建築を教えている教授からアドバイスをいただき、平原の部族が利用する移動用住居の一種であるティピー（テント型の家）を創作するアクティビティを英語で行いました。

もちろん、どうして平原でこのようなテントが必要なのか、どういう意味があるのかなど、その背景にある文化を学習した上で制作に取り掛かります。仮に私たちだけで考えたらクラフトレベルで終わってしまっていたかもしれません。この制作において、とうとう子どもたちは、自分1人が入れるレベルのものを、2時間ほどでつくってしまいました。

それを自宅に持って帰って行った生徒の父親から「彼は、数年経った今でも宝物として部屋に置いているんですよ」と教えていただきました。

・子どもには固定観念がない

また幼児教育専門のアーティストの方に聞いてみると、新しいタイプのアートクラフトをどんどん教えていただけます。全員で行う制作から個々に行う制作まで、子どもたちの動向を日々観察していますので、どんな力がついていくのかなど詳しく教えてくれます。

おそらく私たちであれば、この年齢ならきっとこれくらいのものをつくれるだろうという一律的な固定観念を持ってしまいます。しかし、専門家は全く違います。個々の子どもたちのポテンシャルを信じているのです。

だからこそ、画用紙1枚の使い方をとっても、そこから生まれる子どもたちの想定外のアイディアで全く異なるものをつくり出すという奇跡を頻繁に起こしてしまうのです。

ある時、アーティストから「アートはできる限り幼少期のうちから始めることが望ましい」という話を聞きました。「それはどうしてですか？」と尋ねたところ、このような答えが返ってきました。

「3歳になってくると、ハサミは紙を切るもの、折り紙は折るもの、という固定観念が植えつけられるからです」

つまり、面白い発想とは、固定観念を取り除くことから始まるということです。これは、デザインシンキングなどのイノベーション的な発想につながっています。こうした発想は、ずっと1つの仕事に携わってきたプロならではの深い見識があってのことだと思います。

こうしたプロからのトレーニングを定期的に受けることで、アライブの講師やスタッフたちにも同様の発想が生まれます。そして今では、私たちは、子どもたちの"crazy ideas"「あっと驚くような奇抜なアイディア」を生むことに喜びを感じるようになりました。

・本物に触れる体験は子どもの未来を変える

実際に元外交官の外交体験談を聞く場を設けたことがあります。話に臨場感が出て、子どもたちのイマジネーション力に強く訴えかけることができました。

また、世界各国の国際情勢のカリキュラムを世界を股にかけて活躍している渉外弁護士の外国人講師と一緒に作成したこともあります。こうしたことを繰り返し行っているうちに「外交官になりたい」と言って、杉原千畝氏について英語のスピーチコンテストに出場した生徒がいます。

アライブの生徒が公のスピーチコンテストなどで賞を取ることは、実は何ら特別なことではありません。今も昔も大勢の生徒が入賞しています。そして、彼もまた、知事賞を受賞しました。ただその内容は、観客として応援に行った私の胸を打つほどの強いインパクトを持っていました。

危険な状況を顧みず救済活動を行ったという杉原千畝氏の勇気に、その生徒がどれほど心を打たれ、どのように感じているのかがしっかりと伝わってきたのです。

私たちが本物にこだわり、生徒たちと同じように教える側である自分たちもプロから教わることにより、質の高いカリキュラムを生み出せたのだと自負しています。

そしてこれらのカリキュラムを受けた生徒たちは、感化され、このスピーチを行った彼のように「将来は外交官になる」という夢を持つに至るのです。恐らく彼は本当に、外交官になるという夢を実現させることでしょう。

本物を知り、本物に触れることは、子どもたち自身の考える力、行動する力につながっていくのです。

そうしたことから、やはり私はこれからも「本物」に触れる教育を実現したいと考えています。

第7章

EQを高めながら、行動する力を生み出すカリキュラム

ＥＱを高め、行動力を身につけるには、リーダーシップ教育がとても効果的です。

■リーダーシップ教育

現在、スタンフォード大学やハーバード大学などの世界的に著名な大学においては、ＥＱを大切にし、幸せに学ぶこと、そして自分の生活を満たし社会をよりよくしていくことに視野を広げ、考える力を育成することを目指しているのは、前に述べた通りです。

特に、自分の言いたいことを上手に伝えること、他人の意見に配慮できること、そしてアイディアが豊富で交友関係の難しい状況を解決することができることなど、コミュニケーション能力を重要視している講義が人気だと言われています。

こうした教育の結果、個々の学生や個々の人々から良いアイディアがたくさん生まれ、素晴らしい価値観を発信し、共有できる舞台などのＴＥＤが生まれたり、GAFAや Airbnb 、Uber など、私たちの常識を大きく覆すイノベーション的な企業が海外で生まれたのです。

誰が自分の顔写真つきで自身の情報を発信することを考えたでしょうか。誰が比較的治安のよくないとされている海外で個人の車に乗ったり、個人の自宅に泊めたりするようなプログラムを考えつくのでしょうか。誰が本をタイトルや概要だけを見て買うと考えたのでしょうか。すべてはクリエイティビティにあるのです。

21世紀に新しい発想で通常の枠組みを超えた画期的なアイディアで世界を席巻し、世界中の雇用を産み出した企業が海外から生まれてきたこと、そして同時代に日本からなかなか新しいモデルが生まれてこなかったことは、認めたくありませんが紛れもない事実でもあります。

・リーダーシッププログラムの意義

世界の至るところにあるビジネススクールで最も人気の高いと言えるリーダーシップのプログラム。スイスやアメリカなどのボーディングスクールでも大きな成果を出しています。

私は、ＥＱを高めながら、個人やチームにおいて行動する力に結びつけられるリーダーシップ教育に高い価値観を抱いています。そしてこのリーダーシップ教育をどうにかアライブのカリキュラムに取り込めないだろうかと、ずっと四苦八苦してきました。

世界を牽引していくリーダーを多く輩出する海外の一流大学で目指されている学問は何か。それらに触れ、世界は広いのだということを知ってもらうために、私は子どもたちに世界最先端の教育をリアルに受けさせてあげたいと願っています。

そこで挑戦したのが、ハーバード大学のリーダーシップチームとの全5日間のリーダーシップのプログラムでした。

リーダーシップは、ボーイスカウトや実際のキャンプなどでは培えますが、授業として実施するのは本当に難しいことです。そして、日本で学生向けに実践しているプログラムが全くありませんでした。

私は海外をリサーチし、ハーバード大学の学生たちが、中高生を対象にした専門的リーダーシッププログラムを実施していることを知り、ハーバード大学に連絡を取りました。

・ハーバード大学リーダーシップインスティテュートのプログラム

リーダーシップを育てるには、緻密なカリキュラムが必要になります。子どもたちがどうしたらやる気になるのか、何をすればモチベーションがあがるのか。私たちが子どもたちに求めているものについて毎週ハーバード大学リーダーシップインスティテュートのチームとオンラインでやり取りし、意見の交換をし合いました。このリサーチやり取りは、膨大な作業でした。

もともと、私はビジネス関係でセミナーを多く受講しており、ワークショップなどの講師も経験しているので、そういう意味でもリーダーシップカリキュラムの構築は大変役に立ちました。次回執筆する時には、リーダーシップのプログラムについて書きたいと思うほど興味があります。

・リーダーとは何か

まず、このプログラムは準備段階から入念に打ち合わせを行いました。何をもってリーダーシップと言えるのかなど、何度もオンラインで繰り返し、議論を実施しました。

自立性はどうして大事なのか、将来のリーダーに期待されるものは何か、フォロワーはリーダーなのか、また、何をもってリーダーシップと考えるのか。さまざまな議論を交わして得た結論は、一人ひとりが自分に自信を持ち、未来を開拓していける力を身につけていけることがリーダーシップだということです。

リーダーシップとは、勉強ができるだけでなく、また独裁的にものごとを決めていく人のことではなく、人の意見を受け入れることができること、他を受容できること、決断ができること、考える力を持って皆をチームとして引っ張っていけること、そしてそのチームのフォロワーも含め、個々のポテンシャルを最大限に引き出し、より良いチームや社会を創造していけることだと私たちは結論づけたのです。

アライブは世界で活躍するリーダーを育成するスクールですが、このリーダーの定義が曖昧になるとぶれてしまいます。

リーダーシッププログラムにかかわるすべての講師は、リーダーシップの大切さを深く理解し、子どもたちとのコミュニケーションをとても大切にしていました。

彼らはプログラムをつくっていく中で、生徒との距離を縮めるために、自分たちの得意分野や趣味も披露してくれました。それによって講師と生徒との距離が一気に縮まることを知っていたのです。小さくて細かい工夫がプログラムの大きな成功につながることを。

・子どもたちの変化

しっかりと子どもたちが自分自身のことを見つめ直し、自分の将来像を描き、興奮し始めたのは、プログラムの3日目くらいからです。

5日間の間に子どもたちは大きく変わりました。初日は、大人の早い英語を聞けないと文句を言っていた生徒、手が全く挙げられなかった生徒も、それが、2日目、3日目になると、毎日必ず全員の手が挙がるようになりました。人というものは、環境に合わせて変化するのです。

実際に私自身、こうしたことを頻繁に体験しています。例えば週末のビジネススクールに通っていた時。仕事が忙しくて予習ができず、なかなか手が挙げにくいと思っていました。しかしクラスメイトの意見を聞いているうちに、「間違えても臆せず自分の意見を伝えたい」という気持ちになるのです。

また、国際バカロレア機構が提供する、校長を対象にしたワークショッププログラムを受けていた時にも、周りがネイティブの環境にもかかわらず、意見をどんどんオンラインで伝えていくことが楽しくなっていきました。私のこうした経験も踏まえ、アライブでは教室の雰囲気づくりや子どもたちのモチベーションアップができる環境づくりに力を注いでいます。

リーダーシッププログラムで一番驚いたことは、生徒たちの変化です。

初日にグループワークを実施した際に、控えめな生徒や少し消極的な生徒に対し、他の生徒がネガティブな気持ちを持っているのがわかりました。それは、どのグループにも起こっている事実でした。「皆で協力してやってください」と伝えても、明らかに支配する側、支配される側、そしてそこに入れない子がいるのは、明白でした。

しかし5日目には、一人ひとりが思いやりを育み、チームの皆で助け合うようになっていたのです。

時間がかかる生徒を温かい目で見守り、待ち、皆で許容し合う姿。とても1日目の姿と比べられない、雲泥の差でした。

これは、5日間という長い期間をかけたからこそ得られた変化です。この経験が彼らのリーダーシップの礎になるのだと思うと、それまでの苦労がすべて報われるような気持ちになりました。

この後、保護者の方々からは、子どもたちが普段の学習にもやる気が出てきた、宿題をやるようになってきたというポジティブな報告をたくさんいただきました。

この時、リーダーシップ教育を受けていた生徒は現在中学生、高校生になっており、今でも授業を見学すると自分の意見をしっかりと言ってくれます。そして、他人の意見もしっかりと受け入れてくれます。

・リーダーシップを英会話に取り入れる

この後、リーダーシップ教育についてのさらなる研究を進め、プリスクールでは日々のカリキュラムに、そしてアフタースクールでは毎年段階的にリーダーシップ教育を取り入れています。

その内容は、例えば、クラス内でその日の当番を決める、子どもたちがその日を振り返るフィードバックの時間を持つ、授業中何か問題が発生した時にクラス全体でその問題を検討する、PBL型授業の時間を増やすなど、一見すると英語とは直接かかわっていないようなリーダーシップ性を引き出す些細な試みです。しかし、これが積み重なることで、ハーバード大学とのリーダーシッププログラムと同じように大きな効果が生まれると信じています。

実際に、教育者枠で、来賓としてさまざまな地元の小学校の発表会に参列した時に、その学校のリーダーとして活躍しているアライブの生徒の姿を幾度も見てきました。「あっ、先生！何で、小学校にいるの？」というような目でチラチラ私を見ながら、堂々とリーダー格を務めていました。私たちの教育は無駄ではなかったのです。

■世界最先端の教育を日本で実現する意義

本書では、「本物に触れる」ことの大切さと子どもへの影響についてもお伝えしました。同じように、海外の教育機関と有意義な教育事業を実施することで、たくさんの関係者に多くのメリットが発生し、最終的にはそれが子どもたちにとって大きな成果をもたらすのです。

世界の著名大学や教育機関のプログラムには、本質的な教育内容だけでなく、課題に取り組み、やりがいを提供するとともに、個人の幸福度や満足度につながるエッセンスが必ず含まれています。こうした点においては、日本ははるかに遅れているのです。

また、世界最先端のカリキュラムを日本に持ち込むことで、海外の専門家が日本の教育に触れ、新鮮で斬新な意見をたくさん伝えてくれます。この結果、私たち教育者にとってかけがえのない貴重な意見交換ができ、新たな角度でカリキュラムを見ることができるようになりました。

そして、講師などのつくり手のモチベーションがあがり、翌年はさらにカリキュラムを発展させることができます。

そしてこれが最も重要なことですが、こうしたカリキュラムを重ねて実施していくうちに、日本の子どもたちは「今、世界ではどんなことが求められているのか」「それに対して自分はどうあるべきなのか」を肌で感じることができるようになります。相手の立場に立つことのできるコミュニケーションの取り方も、知らない間に学びながら。

つまり、私たち教育者だけでなく、受講する子どもたちのモチベーションも大きくあがるのです。特にこうした特別なクラスは、接したことも話したこともない生徒たちが集まるので、子どもたちにとって良い刺激を得る機会にもなります。

■今後の海外の教育機関との連携

この他にも、全米の著名な講師によるデザインシンキングなどを通じ、さまざまな事業を実施し学んだことはたくさんあります。大学生を主に対象とした、イギリスの名門大学のスピーチコンテストにも、アライブの中学生がエントリーしています。

またマインドフルネスやリーダーシップなど、子どもたちを対象にした興味深いプログラムについても、スタンフォード大学の教育関係者やシリコンバレーのＩＴ企業と連携しながら、斬新なプログラムを打ち出しています。

私は、これからも世界最先端のプログラムを数多く取り入れていくつもりです。

■日本文化を学ぶこと

世界の最先端の教育事業に取り組む一方で、私が力を入れてきたことがあります。それは、日本文化を学ぶことです。

ＥＱを育むには、その子自身の軸がぶれないことが必要であり、その軸づくりは、自分のこと、所属するコミュニティーのこと、そして自国のことに真摯に向き合うことで始まると考えているからです。

世界と対等に議論し合い、世界的な課題を解決するために、アイデンティティはとても大切です。中学生や高校生の頃海外に行き、帰国子女として日本に戻ってきた時に「私は海外の文化が好きで日本には馴染めない」と言っている学生を多く見かけます。また、幼少期からずっとインターナショナルスクールに長年通った生徒の保護者の方々からも多くの相談を受けています。

私は、まだその子の中で自国の文化がしっかりと定着していないために軸がぶれてしまい、自分はどこに属しているのかわからなくなってしまうことが原因だと考えています。こうして軸がぶれてしまうのは、何が自分にとって良いのか、何をすべきなのか、自分の生活の基盤や根差しているものなどが若さゆえに迷い、わからなくなってしまうのです。

この点、同じアジアでも、日本以外のアジアの国々の人々は文化や慣習が定着しており、自国のことを誇りに感じ、ぶれることが少ないと感じます。新しい西欧の文化が入っても、それはそれで新しい文化と切り分けられるのです。

この違いは、自国における文化や慣習を身につけていることではないでしょうか。つまり、自国の文化や習慣をしっかりと軸に持っていくことが大切だと思うのです。

だからこそ、アライブでは、日本文化を学ぶ時間をとても大切にしています。自分のこと、自国のことなどを見つめる時間をとても多く取っています。私は子どもたちに愛国心を強制しているのではありません。自分の国のことを知らなければ、自分の国を愛せるかも、愛せないかもわからない、そして他国のこともわからないということを訴えたいのです。

もちろん子どもたちは英語で学んでいるのですが、幼少期の早い段階から日本文化に触れることで、日本の伝統や日本古来の慣習への興味が高まります。アライブの子どもたちは、1月にはお餅つきなどを行い、2月には豆まき…。そして7月の七夕の頃には実際の笹を用意して、その笹に願いごとを書きます。夏には浴衣を着てお祭りを開催します。

日本文化に英語で触れることは、子どもたちが考える力の元となる心の軸をつくり、子どもたちのモチベーションを高める大きなきっかけになります。

日本文化を知ることで、将来海外に行った際に説明できるようになってほしい、そして自分達のアイデンティティを大切にすることから、自分自身を大切にしてほしいと考えています。

こうした文化的な背景や由来を同時に学ぶ時間を設けることで、子どもたちの日本への理解が深まっていくと信じているのです。生徒たちが、浴衣や甚平で登校する日は、笑顔が多くハッピーな空気に溢れています。

また、この日本文化の学習では、一方的に外国人が教えるのではなく、外国人が日本文化を子どもたちと学ぶ、という双方向の教え方を取っています。外国人は一生懸命勉強し、また子どもたちは講師に教えるのに必死でそれがとても面白いようです。表面上は、外国人も子どもたちも相互的な関係で学べるイベントのように思えますが、実際はもう少し奥深く考えています。

・留学中に日本への価値観が変わる

日本の中にいるうちは気がつきませんが、一度海外に出てみると、自国の文化を知ることの大切さを実感させられます。私自身、海外在住期間にそのことを強く感じました。

実は私も、日本にいる時には日本への愛情をそこまで感じたことはありませんでした。しかし海外留学した時には、やはり日本人と同じクラスになれば嬉しいし、日本のことを尋ねられると、とても誇らしい気持ちになりました。

日本文化を英語で紹介する本を何度か読んで表現を覚え、外国人の友人や同僚に伝える時には、気持ちが高揚しました。特に「日本はどうしてそんなに安全なの？」「日本の自動車業界はどうしてあんなに発展したの？」「神道は、仏教とどう違うの」「どうして武家社会が出てきたの？」という質問には、歴史の本やビジネス本を読んで勉強し、喜んで答えていた記憶があります。こうして私自身も、日本についてたくさんの知識を得ることができました。

農耕民族であった日本人は、栽培した食糧を分け合って統治していくことに長けており、そのために調和を重んじていました。この調和的な特徴を持つ日本人の良さを海外でアピールしていくには、やはり日本の伝統文化や、その背景を知ることが一番です。

そして、ただやみくもに前に出て目立つのではなく、海外のさまざまな場面に応じて日本独自の協調的な美しい調和を保ちつつ、積極的に意見が求められる時には果敢に発言していける人材を育成したいと私は考えています。

第8章

チーム、組織として、子どもたちの考える力を育成する

子どもたちの考える力を育成することは、カリキュラムや講師、スタッフの技術・スキルに頼るだけでは実現することはできません。保護者の方も含め、子どもたちの教育にかかわるすべての人の意識、そして自宅の学習環境も密接に関係してきます。

■幼稚園・小学校・中学校のようなスクールを目指す

「アライブって不思議なスクールですね」
「まるで学校みたいなスクールですね。だから、ずっと子どもたちを何年も通わせることができます」

幼少期から長年通ってくださっている保護者の方々のほめ言葉です。私はこの言葉を、心の底から嬉しく感じます。なぜなら、そう言われるようなスクールを目指してきたからです。

「不思議」という言葉が出る理由の1つは、アライブというスクールに対して英会話教室というイメージが定着していないからでしょう。アライブは言語学習だけでなく、教育的要素を主軸に置いたスクールなのです。

・英語力の伸びと性格の関係（個性を見る）

例えば、英語を話すスピードの遅い生徒が少し難しいスピーキングのクラスを受講すると、その子が全く話さなくなることが往々にしてあります。

保護者の方からは「少し難しいクラスに入れてください」とお願いされます。しかし私は必ず本人の性格を見て「こちらのほうが良いと思います」とアドバイスしています。体験の1時間を通してその子に最適なクラスを見出すことが重要なのです。恐らく小学校の教師も同様でしょう。

英語を発しない生徒の場合、見極めのために、まずは英語を話さない理由を観察してみます。そうすると、スピーキングは苦手だけど、読んだり書いたりすることは得意である子や、人前で話すことがたまたま好きではない子、極度に緊張する子、間違えを恐れる完璧主義である子、自信がない子、もともと寡黙な性格である子など、子どもそれぞれに本当にさまざまな理由があるのです。

スピーキングが苦手な生徒の場合には、振替授業の時にレベルを1つ下げて簡単なクラスに入ってもらい、簡単なクラスで自信を持てるようにするだけで、通常のクラスに戻った時に見違えるように活発に意見が言えるようになることもあります。

一概には言えませんが、経験上、スピーキングが苦手な子は、逆に読んだり書いたりすることが得意である傾向はよく見られます。従って、フォニックス、リーディング、ライティングなどの時間に外国人講師が通常より多くほめるようにしてあげると、スピーキングの時間の自信のなさを克服し、しっかりと授業に参加してくれるようになります。

また、マイペースな子、気を遣う子、人とのおしゃべりが大好きな子、甘えん坊の子などは、比較的人前で話したり講師と話すことが大好きでスピーキングが得意な傾向にあります。こういう生徒にはどんどん質問すると、もっと話そうとしてくれます。

・英語力の伸びと環境の関係（生活環境を見る）

ある時、今まで活発に意見を言ってきた生徒が、突然元気がなくなるということがありました。体調が悪いのかと思い熱を測ってみましたが、熱はありません。ただ、ぼうっとしているのです。

外国人講師とスタッフが心配して母親に確認してみたところ「学校でも同じことを言われるんです」という返答でした。母親にも原因は一向にわからないということでした。そこで私は、本人と少し話してみることにしました。

「どうした？　最近元気なかったね。みんな心配してるよ」

すると、彼女は突然泣き始めました。「お母さんともっと一緒にいたいの」と言うのです。それ以外のことは、話してきませんでした。

私は、もう一度母親に聞いてみました。

「何か彼女が寂しがることはありましたか。どんな些細なことでもいいのです。教えてください」

母親は、最近、妹さんが病気になっていたと教えてくれました。

「話しにくい話を、ありがとうございます」と私は言い、すぐに本人と話しました。

「辛かったら泣いてもいいんだよ」ということ、「お母さんはあなたのことをとても大切に思っている」ということ、「妹が今苦しんでいるから優しくしてあげてほしい」ということ、そして「私も含め、お母さんも先生たちもあなたをとても大切に思っている」ということ。確か、そんなことを話しました。

すると少しずつ彼女の顔が笑顔になり、いつしかすっかり元の彼女に戻ったのです。これは一例ですが、「いつも話す生徒が発言しない」「いつも読める生徒が何かにつまずく」という時には理由があり、それは意外に英語以外のことに原因があることが多いのです。

「小学校で先生に叱られた」「クラスの子に変なことを言われた」など、生徒が声を発することが難しいような事情を、私たちが子どもたちを傷つけないように丁寧に紐解いていかねばなりません。その対策を講じることで、子どもたちが自分を取り戻していくのです。子どもは、本当に素直なのです。

アライブでは、外国人講師とスタッフが常に個々の生徒の機微を見つめています。そして、時間があれば常に生徒に話かけています。私はそのことにとても安心を感じるのです。

■良いチームの条件
教育への熱意とモチベーションを持つ講師の採用

子どもたちがいる環境や性格と、英語力や考える力の伸びが密接にかかわっていること、そのためには、スクール全体が学校教員のような意識を持つ必要性があることは、前述の通りです。加えて、子どもたちの英語力を伸ばし、考える力を養うには、外国人講師のモチベーションをあげることも重要な要素になります。

ここでは、教える側の外国人講師の熱意を維持し、モチベーションをいかにしてあげるのかについて触れます。

・スキルよりもまず熱意のある講師から学ぶことの大切さ

外国人講師には、知識や経験だけではなく、ティーチングスキルやティーチングに対する情熱も求められます。

ティーチングスキルは、子どもたちがモチベーションをあげるのにとても重要な要素です。

特に、教材の各単元で教える内容に連動したアクティビティ、ワークショップ、ゲームなどを知っていると、子どもたちは、とても楽しみながら英語を学ぶことができます。

例えば以前、小学生の授業でデザインの学習をすることがありました。単に色や形を教えるのではなく、知っている有名な会社や組織のロゴの色やカタチ、それぞれの会社がそのロゴやスローガンに込めている意味などを教え、スローガンから逆にその会社を当てるクイズを行いました。もちろんアライブのロゴについても学んでもらいます。

“Do the Right Thing.”

スローガンを読みあげると、“Google!”などと大きな声をあげる子どもたち。これもカリキュラムであり、ティーチングスキルの1つです。

また、生徒数が多い時には、早いテンポで授業を展開しつつ声のトーンを変える。そして良い意見には拍手をする。その他に子どもたち一人ひとりを主役にする機会を与えるなど、ティーチングスキルは良い授業をする上では欠かせません。

こうしたスキルは大事であり、スキルアップのためのトレーニングの重要性は言うまでもありません。アライブでもトレーニングには大変力を注いでいます。しかし、スキルか熱意かどちらかを選ばなければならないとしたら、私は熱意のほうが大事だと思っています。

教育の分野においては、熱意のある講師に巡り合うことが、子どもたちが伸びる一番の条件です。これは紛れもない事実なのです。

「どうしたら生徒が伸びるのか?」という問いに対して、アライブの外国人講師たちは、「こちらの授業のほうがよい」「このワークシートのトピックのほうがよい」「それは初心者の生徒には難しい」と意見を出し合い、白熱して議論をします。こうした教育への情熱こそが、ティーチングスキルよりも必要なのです。

スキルは、トレーニングや年数により少しずつ培っていけば講師もだんだん上達してきます。しかし、どれだけ経験が長くても、どれだけ色々な知識があっても、熱意がないと子どもたちに伝わらず、英語力が伸びないのです。

情熱がある講師の気持ちは子どもたちにストレートに伝わりますし、講師もあの手この手で創意工夫して生徒を伸ばそうとします。教える側の外国人講師のモチベーションが高いことは、子どもたちのモチベーションを高める上でとても大事なことなのです。

・自ら学ぶ意欲を持った、世界各国からの外国人講師

一般に、どこの国にも当てはまりますが、日本にいる外国人のコミュニティーは狭く、外国人同士でさまざまな業界情報が飛び交うようです。

そして、アライブで働く外国人からは、「アライブのトレーニングは厳しい」「面接はなかなか受からない」「通常の楽しい授業ではなく、講師自体も勉強しなければならない」という噂がある、と聞いています。

しかし逆に、このことを熱意のある外国人講師が多く集ってくれていると私は前向きに捉えています。今、アライブで働く外国人は、会議でも活発にアイディアを提案してくれます。そして、彼らと話している時に教育に対する意見が途絶えたことがないのです。

アライブでは、世界のさまざまな国の講師を採用しています。世の中には、絶対に英米の講師が良いと思っている方も多いかもしれません。

しかし、教育に精通し、教育免許を持つ外国人、そして何よりも教えることに情熱を注いでいる外国人講師と、そうではない外国人講師から学ぶことを比較してみると、生徒の英語力の伸びが大きく異なるのです。

発音を心配される方もいらっしゃいますが、どの国の講師から学んだ生徒の発音も、本当に美しく流暢です。それはアライブの生徒の動画を見ていただければわかります。

■良いチームの条件　教える側のチームワークの育成

・一人ひとりが、主体的に役割以上の働きをする組織

チームワークでまず大切なのが、連携であったり、チームのために何かをする意思のように思われがちですが、私はその前提として、一人ひとりが自立した力を持つことだと考えています。

例えば、子どもたちが学ぶSDGsのカリキュラム1つを取っても、個々に講師自らSDGsについて調べ、考え、発表する機会を設けます。

そして、その後、外国人講師と日本人スタッフ、専門家の間で幾度もカリキュラムについてやり取りしながら、良いものに改良していきます。

このように、リサーチ、授業（実践）、フィードバックを繰り返し、PDCAをしながら学んでいきます。

既存のカリキュラムが既に用意されていて「それをやってください」と言うだけでは、講師のモチベーションはあがりません。

オートメーション化してカリキュラムを作成する部署はカリキュラムだけを、講師はそれを教えることだけを実践するやり方は、最も効率的に思えるでしょう。ただ、非効率的であり、一見してムダとも思えるような時間にこそ、アライブの本質があると私は考えています。

こうした準備時間をたくさん取ること、いわば皆の「引き出し」を多くつくること。そんな舞台裏がアライブには豊富にあるのです。

・海外の教育の専門家との学びの時間（個々の学びの時間）

アライブでは、個々の講師やスタッフの知識を高めるため、海外の教育機関の専門家たちと意見交換するなど、専門的なトレーニングを受ける機会をつくっています。また、異業種の他社の社員と混合でセミナーを行うこともあります。

教える外国人講師やそれに携わるスタッフが、知ることや学ぶことにワクワクする気持ちを持てないことには、子どもたちがワクワクできるはずがありません。本書にも登場したハーバード大学のリーダーシップチームや、元カリフォルニア大学バークレー校の講師からデザインシンキングの指導の手ほどきを受けることで、講師陣からも斬新的なアイディアがたくさん出るようになりました。

こうして自ら学ぶ講師やスタッフがチームとして結成され、いよいよ連携を経て強固なチームワークが発揮されていくのです。

■チーム連携の実現

英語業界では、「1年の中で何度も外国人講師が変わる」「毎年外国人講師が変わる」という状況が当たり前になっています。私は、この残念な常識を、チームワークを育成することで覆そうと決めました。

アライブで働く外国人講師は、比較的長期間日本に滞在する講師が多いのが特徴的です。中には、10年以上の講師も多くいます。いったん退職して数年後に戻ってくる講師も多いのです。

アライブ創立時である20年前に、私は世の中の傾向を予測し、学校や企業が発展していく上で、オートメーションの役割的な発想は将来的には少なくなっていく、と確信していました。これは、役割分担がはっきりしていた企業で働いた経験と、小さなベンチャー企業で働いた経験から学んだことです。

昨今「カタリスト」という言葉をよく耳にします。日本語では「化学反応を促進する触媒」「促進の働きをするもの」「相手に刺激を与える人」という意味です。私は、このカタリスト的な発想で「これはあなたの仕事だから私はやらない」ではなく、役割分担にプラスアルファーの発想をしていけるようなスクールを常に目指してきました。

だからこそ、まずアライブでは役割分担を決めた上で、それだけでは発生しない「プラスアルファー」を考慮して経営をしてきました。誰も特別な存在でもなく、たまたま役割分担を担っているだけで常に一緒につくりあげていく、皆が自由に意見を言え、それをカタチにすることを重要視してきました。

もちろん、そうした経営方針にはメリットもデメリットもありますが、色々なことを経験してみたいと言う講師とスタッフが、今のアライブに残っています。

この結果、「こんなプログラムをつくりたいのだけど」と講師に相談すると、「こんなアクティビティにしたらどうか」と瞬時に回答が返ってきます。私はこの瞬間に興奮し、「もっとこうしたら」とついつい予定よりも会議を長くしてしまうのです。

アライブでは、現在、トレーニング部がトレーニングを、カリキュラム部がカリキュラムを担当しています。しかし教える講師やスタッフが連動するよう、トレーナーも、カリキュラム作成者も、必ず授業にかかわる仕組みをつくっています。

スクールの規模が大きくなっていくと難しい課題ですが、カリキュラムとトレーニングに従事するスタッフやトレーナーが分断されてしまうと、教育の効果が低くなってしまうからです。

会社や学校がチームなどと言うのはもう古い考えだ、と言われることもあります。しかし、どれだけ個々が分散し集団性が減少しても、1つにまとまって得意分野や不得意分野を補いながら同じ方向性に向かうミッション経営を、私はとても大切にしています。

そのためアライブでは、校内の資料はすべて英語に訳し、外国人講師ともあらゆる情報を共有できるようにしています。そして、チーム全体でものごとを進行できるようにしているのです。

■創業当初の採用における失敗事例（平等さの欠如）

ただ、創業当初は、外国人講師の採用については不慣れなためにいろいろと問題を抱えていたのも事実です。

私は海外と契約を行う部署で働いていたこともあり、海外の文化や事情にはかなり詳しいと考えていたのですが、採用や雇用においてはわからないことだらけでした。あの頃は、国が違う、文化が違うとはなんと難しいことだろうと毎日悩んでいました。

仕事のやり方を伝えているのに、文化が邪魔してしまうのです。普段は前向きな私ですが、どうしてこんなに考え方が違うのだろうと落ち込んだこともありました。経営者になりたてで経験が浅かったことも重なり、日々の無理がたたって体調を崩すこともありました。

海外は日本と違い、明確な契約を求める契約社会です。経験上海外との契約に精通していると思っていた私は、すべて契約書に明記したほうが良いだろうと思い、契約書をしっかり作成していました。いろいろなことを契約で縛ったりすることもありました。

もちろん、契約書の骨子をしっかりとつくり、ルールを決めることはビジネスにおけるスタンダードです。しかし今になって思えば、もっと大切なことがありました。

文化の違いは受け止めつつも、日本人社員も外国人社員も同じ社員として平等だという概念が私には不足していたのです。日本で働きたいという外国人は特に、日本の持つ曖昧さや和の文化に大きく憧れている部分があります。にもかかわらず、契約社会そのままのルールを適用することに不信感を招いたことがあったかもしれないと、後になって思いました。

非常勤の外国人講師も日本人スタッフも、皆、希望すれば正社員へ昇格できるように制度も平等にしています。

文化の違いがありますから、外国人講師には不可解なことも多々あるようです。例えば、なぜ有給を取る時には会社にお伺いを立てなければならないのか、なぜ税金が引かれるのか、なぜ日本人はなかなか休まないのか。

こうした彼らの疑問についても一つひとつ受け止め、プロの助力を得てわかり易く説明してきました。また、社内の全体会議にも参加してもらい、会社の一員であることの意識を共有することで、安心して働いてもらえるようにしました。そして講師一人ひとりが学習できるように、準備日を設けて皆でリサーチや議論することも繰り返し実施しています。

組織では、一人ひとりが、他者の役割を理解しながら、そして役割分担に伴う溝を埋めながら、チームとしてつくりあげていく精神を持って仕事を行っていくことが重要です。モチベーションがあがるスクールとは、役割分担がしっかりとした上で、文化や生まれ育ってきた慣習の溝を埋め、融合して発展させていくスクールのことなのかもしれません。

■「アイディアをカタチに」する土台づくり

私は、チームに帰属することの安心感、チームで目標を達成することの充実感、喜びや悲しみを分かち合い共有し合う高揚感が、働く上でとても大切だと思っています。

まだまだ全員がその楽しさを共有できているわけではないと思いますが、楽しく仕事をし、皆の「アイディアをカタチに」していけるような学校を目指しています。

オリエンテーションの日には、"Your ideal school"と題し、理想のスクールを目指して、外国人講師と日本人スタッフでグループに分かれ、英語のプレゼンテーションコンテストなどを実施します。

例えば、ファンタジーとしてのアイディアを出すプレゼンと、現実的な課題の取り組みについてのプレゼンとの2種類にグループ分けして、それぞれ発表を行います。その時には「こんなスクールにしたい」「こんなことができたら素晴らしい」など、奇想天外な面白いアイディアが次々と登場します。

これによって、外国人講師の面白いユーモア溢れるアイディアに日本人スタッフの堅実なアイディアが混ざり合い、相乗効果の高いリーダーシップの育成につながるのです。例えば、こんな意見が実際に飛び出しました。

「これから開校する新しい校舎にカフェを設けて、自由に先生と生徒が会話できる空間をつくってはどうか」「子どもたちが自由に遊んだり学んだりできる大きなスペースをつくってはどうか」「そこをVRにしてしまおう！」このようなアイディアがたくさん飛び交うのです。

そして1つずつでも皆が提案したことを実現し、「アイディアをカタチに」することで、提案する側のモチベーションをあげていきます。

チームを豊かにするには、まず、チームで働く個々のメンバーのアイディアが活かされる環境が必要です。私たちは、子どもたちがたくさんのアイディアを出せる、世界で活躍するリーダーを育成するスクールをつくりあげています。

だからこそ、常に子どもたちの教育について議論をするだけでなく、教える私たちの側でも面白いアイディアを取り入れ、講師やスタッフの人間性を豊かにしていくことが必要だと思っているのです。

このように、アライブでは、常に夢を追うプロジェクトを実施しています。

・皆でクレド（信条）をつくる

アライブのミッションは創立以来変わっていませんが、創業から17年目が経過したタイミングで、アライブの社員が働く上で最も大切であると考えるクレド（信条）を新しくつくり直しました。

アライブの5ヶ条からなるクレドは、社内クレド委員会を立ちあげ、社員皆で決めたものです。理念やクレドはすぐに変えるものではありませんが、取り巻く世界が変化してきた時には、皆で考えて守り育てるものを改めて見つめ直したいと思ったからです。

英語版クレドは直訳ではなく、外国人講師と相談し、本来の意味をしっかりと講師に理解してもらえるようにしました。

英語にしてみたらとても面白い文章になりました。5ケ条のうちの1つを例に挙げてみます。

英語版

"Make everyone a Fan of Alive"
We provide service that surpasses expectations and keeps them saying "Wow."

日本語版

「1人でも多くをアライブファンに」
私たちは期待以上のサービスを提供し、感動を与え続けます。

外国人講師がユーモアを取り入れ、「ワォ」と言わせるサービスをつくり続ける、という英語に訳しました。社員旅行のバスの中で、皆で声を出して読んだ際に、この"Wow"の箇所で盛りあがり、興奮したことを覚えています。

私たちはこのクレドを見る度に、人への思いやり、チームとしての誇りを持って教育に邁進していく気持ちを取り戻すのです。

■宴会や社員旅行で交流が深まる

宴会や社員旅行は、日本企業で多く開催されている当たり前のような行事の1つと言えます。社内の親睦を深めてチームワークをつくり出していくのに有益な行事とも考えられています。

この宴会や社員旅行という行事に対しては、「早く帰りたい」「社内の皆で行くのは面倒くさい」「それより、休みがほしい」、というような声が最近世の中では多く挙がっていると言われています。また、実際に私たちのいる英語塾などの業界では、外国人が多いことが理由なのか、社員旅行に行くスクールは少ないようです。

しかし、アライブでは宴会や社員旅行を大切な行事の1つにしています。そして、この社員旅行1つをとっても、行先を校舎の全員の投票であれこれと話しながら決めているのです。ちなみに、民主主義的な多数決で決定しているせいか、社長であり校長である私の意見は一度も通ったことがありません。

また、席をくじで決めた宴会では、新しい同僚との出会いがあったりと、アライブ校舎内での横のつながりができるようになりました。今まで、自分の慣れている1つの校舎しか教えに行きたくないと躊躇していた講師が、こうした宴会後は、別の校舎にも行ってみたいという声が挙がったり、複数の校舎で英語を習っている生徒のことを楽しそうに話すようになったのです。

社員旅行は、外国人講師がとても喜んでくれます。人と話し、出かけることが大好きな外国人にとっては、興味深いイベントのようです。最後の解散の時には"Thank you, Ms. Mitsui. I really enjoyed it."と言ってくれます。小さな旅ですが、皆で一緒に時間を過ごすことで、皆と近くなっていくのがわかるのです。

「三井先生は、昭和すぎるのでは?」と言われることもあります。しかし、皆で絆を育むのに、昭和も平成も令和もありません。人という字が支え合ってできているように、人とは1人で生きていけない、皆で助け合う生き物なのです。アライブチームが結束し、よりチームワークが取れている環境で、子どもたちと接することができるのであれば、これからも皆で色々な場所に行き時間を共有したいと思います。

■2020年という特別な年における外国人講師と日本人講師の連携

・特別な年のチームワーク

2020年、日本は東京オリンピックの開催も控えて、例年にも増して高揚した年明けを迎えましたが、残念ながらその後の展開は想像していたものとは違っていました。1月から徐々に中国での新型コロナウイルス感染のニュースが広がり、2月には国内感染が始まりました。そして、初めて死者が確認されるようになりました。

総理大臣から小中高に対して休校要請が出され、ついに4月には特措法が発令されて緊急事態宣言に至りました。新型コロナウイルスは、流れる空気か水の如く、気づいた時には一瞬にして私たちの社会や生活に侵入し、日に日に脅威となっていきました。

当初、アライブではさまざまな混乱が起こりました。子どもたちへの影響はいかほどなのか、教室を安全に継続することはできるのか、社員たちの安全と雇用は守れるのか、心配や不安の種は一気に押し寄せました。

私が行ったことは、まず正確な情報を把握することでした。世界的に信頼できるアメリカのジョンズ・ホプキンス大学のデータやさまざまなニュースを科学的に捉え、落ち着いて考えることを大切にしました。

子どもの重症化例や死者数が極めて低いことは割と早くから知り得ましたので、その点は僅かながら安堵できることでした。

校舎での生徒、スタッフの手指の消毒、検温は徹底しましたし、校舎間は早い内からオンラインで会議を開き、各校の状況、校舎の責任者の意見や考え、正確なウイルスに関する情報について共有するようにしました。

ただ、未知であることは脅威であることに変わりはありません。人は既知であるもの、全体が見通せること、予測できることに対してはあまり不安を感じませんが、知らないこと、何も見えないことに対して大きな不安を抱きます。

日々、生徒や保護者の方々、そして講師、スタッフの不安が積もっていく様を肌で感じていましたし、かくいう私も帰宅後にテレビでニュース番組を繰り返し見ていると、過剰な不安を抱くことがありました。

このままではウイルスよりも、人の気持ちや心が沈んで、それは教育内容にさえ干渉してしまうと考え、緊急事態宣言などに合わせてアライブでは一旦お休みを取ることにしたのです。

校内では色々な考え方がありました。休みたいという講師やスタッフには、雇用調整助成金を申請しながら休業が取れるようにしましたし、働きたいというスタッフには、時短就業や部屋のスペースを充分に確保して業務できるようにしました。

ただ、母国から離れて帰国もままならない外国人講師たちが抱えた不安は、やはり日本人スタッフとは比較にならないほど大きなものでしたし、海外での様子が報道される度にその不安に追い打ちをかけました。ですから、何かあっても、日本に身寄りのない外国人のことは助け合ってケアをすると、私は決めました。生活をバックアップする体制を整えて、安心して過ごせるようにしたのです。

医療や各申請の対応マニュアルも作成しましたし、方針や決定事項はなるべく早く決めて通達できるように心がけました。夜、怖くてパニックになって電話をかけてくる講師には、安心できるように丁寧に状況を説明しました。

今になって説明できるのですが、あの当時に私が抱いた思いは、大変な時こそ、外の波が高く荒れている時こそ、外国人講師をはじめスタッフ皆がアライブという船から下りてはいけない、孤立してはいけない、力を1つにして紡ぎ脱しようという気持ちでした。

コロナ禍の期間中に、暗いニュースばかりではいけないと出勤してくれている外国人講師たちに手紙を書いてもらい、それをデザインして生徒たちに届けたこともありました。

・私たちを救ってくれた生徒と保護者の方々

手紙の返信が子どもたちから早速きたのですが、プリスクールの保護者の方々が声を掛け合ってくれ、一人ひとりの笑顔の写真と言葉をつないで、メッセージ「コ・ロ・ナ・に・ま・け・な・い・で」をくれたのです。涙がこみあげてきました。

このつながった写真を見て「あぁ、アライブの生徒もアライブの講師も、皆大丈夫だ」と不思議に安心感を覚えたのです。１４００名の生徒や１４０名の従業員の責任が私にかかっていると思うと不安になったこともありましたが、すっと不安が消えていきました。

このレターを考えてつくってくださった保護者の方のアイディア、行動力、そしてチーム力に驚くとともに、こうした方々の子どもたちだからこそ、世界で活躍できるリーダーになることができると強く実感したのです。

有事になった時に、海外ではつながりや気持ちを表現することで、色々な困難を乗り越えることが多くあります。私も多くの友人が世界中にいますが、海外と日本ではこういうモチベーションやチーム力に影響を与える表現方法が大きく違っていると感じました。

新型コロナウイルスにより、スクール自体も大きな痛手は受けましたが、「アライブがなくなったら困ります！」「しっかりしてください！」と、多くの保護者の方から後押しをいただきました。個々に大変な状況にもかかわらず、受講を継続してくださった保護者の方々には、感謝の念で一杯です。

そして、オンライン授業への切替えやシステム、カリキュラムなどを担当してくれたすべてのスタッフや講師のおかげで、在宅などを有効に活用しながら、何とかこのコロナ禍を今日まで乗り切ってくることができました。

私たち大人が取る行動の一つひとつを子どもたちが見ています。今後も社会が予測しえない危機に見舞われることはあるでしょう。

その際に成長した子どもたちが、今日の私たちの言葉や姿を思い返して困難に立ち向かっていけるように、将来への責任を感じながら、行動していきたいと思います。そして、アライブを卒業した生徒たちが、困難な時であっても未来を開拓していくリーダーであってほしいと願うのです。

エピローグ

最終章でも少し触れましたが、２０２０年から世界は新型コロナウイルスの流行に苛まれ、それは２０２１年の春を迎えた今もなお続いています。

その中で社会や、私たち人間の強さや弱さが浮き彫りになりました。日本は２０２０年の死者数が２０１９年を下回ったという例のない奇跡的な結果になりました。それは国民一人ひとりが真剣に予防に努め、医療現場の医療従事者の方々が献身的に命を守ってくれた成果だと思います。

他方、世の中には、感情的な空気が流れ、他者を傷つけるような風潮が増えたことは残念でしたし、国全体にリーダーシップや社会システムとしての即応性のあるＩＴ技術などが見られなかったことも事実です。

アメリカは多くの新型コロナウイルスによる犠牲者を出し、複雑な政治情勢から議会議事堂が占拠されるなど混沌とした中、集中的にワクチン開発を遂げて早期の接種を開始し、自国のみならず世界のゲームチェンジャーの先陣でもありました。それは、強権的な政治力で私権を制限した都市封鎖を実行し、人間の動きを止めることによって感染拡大を封じた中国とは、実に対照的な姿に映りました。

何が正しかったのか、何が誤っていたのか、それらが明確になるのはまだまだ先のことでしょう。

しかし、私には人類は必ず克服していくだろうという強い実感があります。そしてこの困難を克服する力こそ、生きる力、未来を開拓する力だと私は信じています。

私が願う1つの未来のイメージがあります。私がもう一線を退いて引退生活に入っている時のことです。

世界では相も変わらず、日々あらゆる問題が発生し続けています。その個々の問題の解決に大人になったアライブの卒業生たちが、それぞれの能力とリーダーシップを発揮し、少しずつ社会を助け、人々の心身を守り、少しずつ自分自身と周囲を幸せにしてくれています。しかし、彼らも彼女たちも、苦悩し疲れる時があるでしょう。

そんな時にふと卒業生たちが目を閉じて、アライブの教室で学んだ日々の情景を思い出し、自分を見つめ直し、先に進む勇気を持ってくれる。皆の生きる力、未来を開拓していく力がそこに宿り続けてくれればよいなと、私は思うのです。

※本書執筆に際し、多くの方々にご協力いただきました。
心より感謝申しあげます。

三井博美

付録1　自宅での学習方法

考える力を養うための英語の学習方法は、たくさんあります。ただ、自宅学習を行う場合には日々無理なく継続できるよう、子どもたちが関心を示し、簡単に取り組めることが大切です。この点、自宅学習における絵本や書籍の活用は、とても有効です。

絵本や書籍は、子どもたちの価値観や心の軸をつくります。絵本や書籍を選ぶ時は、子どもの興味に合わせ、本の種類や色、厚さや文字の多さなどを考慮しましょう。

ここでは、ご自宅で簡単にできる『考える力を養う自宅学習』と『英語力をつけるベーシックな自宅学習』についてお伝えします。

『考える力を養う自宅学習』では、可視化ツールを2～3紹介します。具体的に意見を伝えることが苦手な場合、可視化ツールを利用すると、子どもたちに変化が生じます。アライブでは目的に合う可視化ツールを多く活用しています。

『英語力をつけるベーシックな自宅学習』では、英語力を伸ばす学習方法と、日常生活とかかわる学習方法（英語とは直接関係しない場合もあります）を紹介します。

私の従姉は日本で生まれ育ちましたが、ボストンの大学院で博士号を取得し、現在アメリカの大学で教授をし、国際関係論を教えています。

ネイティブとほぼ変わらない英語力を持つ彼女に、学生時代の英語の学習方法について尋ねたことがあります。彼女は「洋楽が好きで歌詞を調べていた」と答えてくれました。

また、日本にいる頃ニュースはよく見ていたので、英語の専門用語もすんなり入ってきたそうです。

ある時、英語で堂々と話す高校生の保護者の方にも同じことを聞いてみました。すると「三井先生が教えてくれたとおり、家族旅行に行く前に歴史や地理などを調べていました」と教えてくれました。

どれも、そんなに手の込んだ難しい学習方法ではありません。毎月やることを1つ決めて、1年間継続する。たった1週間15分でも学びに費やす。それだけで、子どもたちの大きな成果につながります。これは、アライブで実証されています。

最近ではインターネットで英語が学べるサイトも多くあります。ぜひ、子どもたちに適した方法を見つけ、自宅学習を始めてください。

（1）「考える力を養う自宅学習」

自分を知る〜ブレインストーミング〜

まず、紙の中央に"I am happy."と書きましょう。

そして「自分が"happy"になるのはどのような時か」を考えます。

思い浮かぶものを、中央に書いた"I am happy."にランダムに線でつなげていきます。絵で表現しても面白いでしょう。この方法はマインドマップといって、アイディアをたくさん出すのに有効です。

See-Feel-Hear　ものごとを明確に観察する
〜アクティビティ〜

紙に「見える、感じる、聞こえる」ものを書き出しましょう。絵で表現しても面白いでしょう。これは、ものごとへの理解を深めて明確にするのに役立ちます。

パイ・チャート（円グラフ）を使って、仕切らず自由に書くようにすると、見えるもの、感じるもの、聞こえるものの割合も可視化できます。

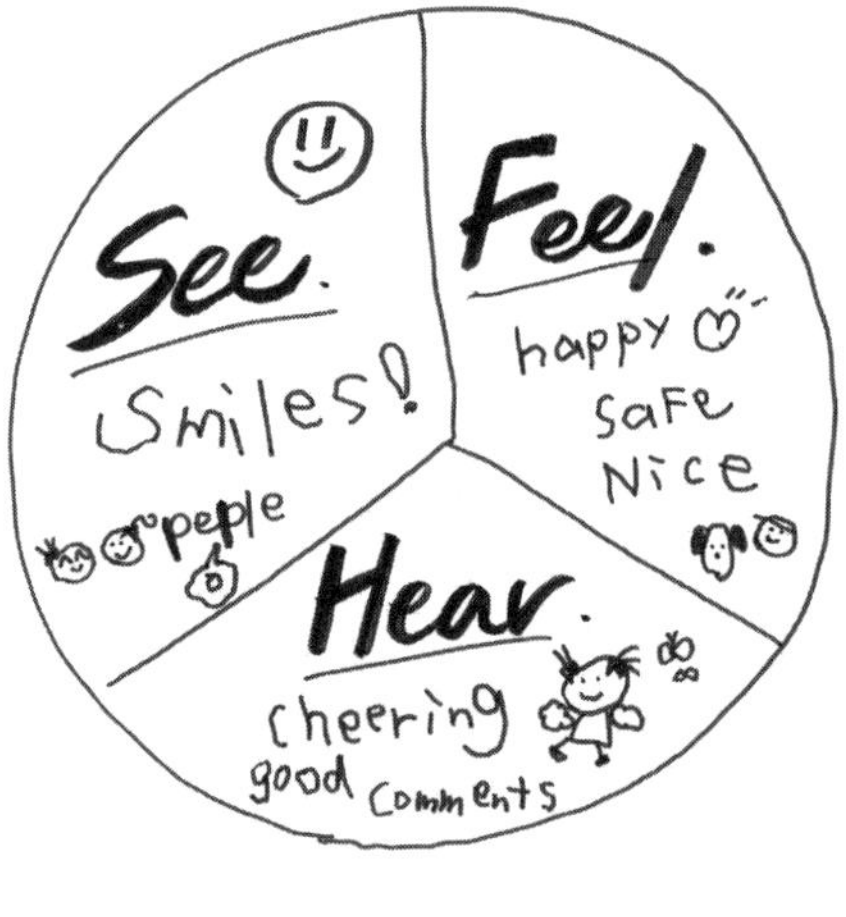

See-Think-Wonder　考える力を深める
～アクティビティ～

紙に「見える、思う、ひっかかる」ことを、ステップごとに書いていきましょう。これは、洞察力を高め、解釈に基づいて自分の考えを持つことを目的とする可視化ステップです。

観察力を深めながら、子どもたちの好奇心の土台をつくります。

この他にも、興味を広げたい、表現力を豊富にしたいなど、さまざまな目的に沿った可視化ツールがあります。

（2）「英語力をつけるベーシックな自宅学習」

イメージしやすいようにいくつか例を挙げてみました。他にもたくさんの学習方法があります。自ら学習方法を考えてみても面白いと思います。

英語を始めて間もない子、あるいは年齢が低い子の場合、それぞれのリストの前半をご覧ください。

幼少期はインプットを多くしましょう。アウトプットが少なくても、焦る必要はありません。

●リスニング・スピーキング

・歌を聴く／口ずさむ（歌う）
・チャンツを聴く／口ずさむ（歌う）
・テレビ、ＤＶＤ、インターネット配信動画を見る
・洋楽を聴く／洋楽をかけ流す

・絵本に出てくる歌を聴く／口ずさむ（歌う）
・絵本に付随するCDを聴きながら本を読む
・絵本に付随するCDをかけ流す
・絵本の中の単語を実際の生活で探して、発音してみる
・絵本のよかったところの感想を伝え合う
・簡単な英語で話しかけるなどして、日常にコミュニケーションを取り入れる
・AやBなどのアルファベットで始まる単語を家の中で探して、発音する
・アルファベットの色塗りをした後、そのアルファベットを発音する
・空、花、犬など、身の回りのものを英語で言う
・数を数える／逆から数を数える／クイズ形式で数のやり取りをする
・単語を聴いて、絵を指で指す
・単語を聴いて、絵のビンゴゲームを行う
・桁数の大きな数字の読み方を覚える
・図鑑を見て単語を発音する
・ニュースを聞く（時事問題の関心を高めるため、日本語でもよい）
・ニュースを聞いた後、自分の言葉で要約する

・英語で、算数、理科など専門科目の問題を解く
・ものごとの定義を伝えられるようにする
・習った単語を使って文章を話す
・Becauseを使って理由を考える
・書籍を参考に日本文化を英語で説明できるようにする
・プレゼンの英語表現を覚え、使ってみる
・スピーチする原稿をつくり、同じ内容を違う表現で伝える練習をする
・学校などで外国人の友達がいる場合には積極的に話しかけてみる
・海外の友達とＳＮＳツールなどでやり取りをする

フォニックス・リーディング・ライティング

・絵本、書籍、雑誌、新聞、インターネット記事などを読む
・興味のある専門分野の本を読む
・一度読んだ漫画の英語版を読む
・絵本や書籍に付随するＣＤをかけながら、シャドーイングする
・ピクチャーディクショナリーを見る

・絵本のポスターやシールを見えるところに貼る
・同義語辞書、反義語辞書、英・英辞書などを活用する
・資格試験の問題を解く
・アルファベットを構成する直線や波線をまず鉛筆で書く練習をする
・アルファベットの大文字、小文字を書く
・アルファベットクイズをする
・単語などをなぞる
・絵と文字を線でつなげる
・3文字の規則性のあるフォニックスの単語を、発音しながら書く
・園や学校で習った単語を書く
・本の一部を書き写す
・単語の真ん中の文字や先頭の文字を埋める
・ワードサーチをする
・絵本に関連するアクティビティやワークシートをやってみる
・絵本に出てきた単語を家の中で探して、書き出す
・絵本の中に出てくる単語を書く

・絵本のストーリーの続きを独自に考え、絵や文章で表現する
・絵本の中で印象に残っているところを文章や絵にして表現する
・オリジナルのストーリーで絵本をつくる（絵だけでもよい）
・絵やピクトグラムを理解し、その意味を絵の下に単語で書く
・自己紹介をノートに書く
・キーワードを決め、その単語を使って簡単な文章をつくる
・本を要約する
・本の感想文を書く
・英語のニュース記事のヘッドラインをつくる
・エッセイを書く
・日記を書く
・手紙を書く
・日本文化を紹介する文章を書く
・クリエイティブなライティング（詩、歌詞、漫画、脚本など）をする
・"OREO"フォーマットなど可視化ツールのワークシートを活用する
・英検などの資格試験を利用してライティングのコツをつかむ

・ライフサイクルなど、絵と文字を入れた学びのポスターをつくる
・ライティングの添削を利用する

■五感を育む、体験する

英語には直接関係しませんが、知識を深め感性を高めます。

●音楽・アート・伝統

・美しい音楽を聴く
・未就園児の場合には、タンバリンなど音が出る楽器で楽しむ
・楽器を演奏する
・音楽に合わせて身体表現（リトミック）やダンスをする
・絵本にちなんだアートクラフトやアクティビティを行ってみる
（歌、クラフト、折り紙、お絵描き、スタンプづくりなど）
・絵本の続きを絵で表現する
・絵本に登場する人物の絵を描いてみる

・絵本のストーリーに合う簡単な歌やメロディーを考える
・カラフルな色をたくさん使って絵を描く
・フィンガープリントなど、五感を育むことをする
・見たこと、感じたことを絵で表現する
・感じたことをシンプルなマークや線を使って表現する
・身近な小物づくりをする
・模型をつくる
・工作する
・色の粘土などで手を使って遊ぶ
・外で土を触って遊ぶ
・日本の伝統的な季節のお祝いをする
・自然の葉っぱなどを取り入れ、自然とアートを融合させる

理科・観察

・シャボン玉、スライムづくりなど、楽しい遊び道具をつくる
・石鹸や塩など日常のものを使って簡単な実験をする

・星座や太陽、月などの惑星を観察する
・植物を育てる
・自然の中で過ごす
・自然の生き物や季節のものを観察する
・理科の実験・観察を行う
・自然散策や工場見学に行く
・乗り物を見る／乗り物に乗る
・ものの長さ、重さ、高さなどを比べる
・人の行動や町のあり方を観察する
・虹、雨など身の回りの理科の現象について話す

●料理・食育

・果物などを切った後に断面図を見せる
・果物を使うアートや実験などを行う
・一緒に料理を行う
・料理のお手伝いをする

・買い物に一緒に行き、スーパーマーケットを歩く
・成分表示を見て話し合う
・フードピラミッドづくりなど、健康や食育に関することを家族全員で行う
・果物狩り、田植えや稲刈りなどに家族全員で行く
・栄養について話す

その他

・運動する／身体を動かす／スポーツをする
・ヨガや体操をする
・物を触る、匂いを嗅ぐ、耳で聴くなど、五感を育むことを行う
・ブロック、積み木、パズル、ストローなどを使って立体空間認識能力を高める
・絵日記を書く
・さまざまなジャンルのクイズに挑戦する
・さまざまな生き物のライフサイクルを学ぶ
・算数の問題を解く
・古典文学を読む

・理科や社会の教科書を先に進めて読んでおく
・季節のもの、季節のことを体験する
・世界の首都人口、世界遺産、文化などを学ぶ
・世界経済、世界情勢を学ぶ
・SDGs などの地球規模の課題を学ぶ
・目標を立てる、スケジューリングする習慣をつける

●テクノロジー

・レゴやブロックを使って組み立てる
・プログラミングする
・タブレットやパソコンを使う
・ロボットを組み立てて動かす
・テクノロジー系の知育玩具で遊ぶ
・博物館や工場見学などでテクノロジーを実際に見る
・さまざまなものづくりの現場を体験する
・ものを分解して組み立てる

・ものの仕組みを図鑑で調べる
・ものの仕組みを観察する
・データに強くなるよう、表をつくる習慣をつける

調べる

・日本や世界の歴史について調べる
・天気や天候など、身の回りの現象を調べる
・興味のある専門分野の「調べ学習」を行う
・1つの国で、昔のものと現在のものを比較する
・同時代における、日本のものと世界のものを比較する
・現地に行くなどの体験学習をする
・旅行に行く場合、事前にその土地の地理的な特徴や歴史を調べておく
・その地域の由来や慣習などを地域の方から習う
・コミュニティーの役割を知る
・コミュニティーで働く人々と話す

●**コンテストなどに参加する**

・お絵描き
・アートなどの作品づくり
・写真
・作文
・感想文
・アイディア
・ビブリオバトル
・Spelling Bee
・ディベイト
・スピーチ
・プログラミング
・ロボット

■中学生・高校生・大学生

●リスニング・スピーキング

・テレビ、DVD、インターネット配信動画を見る
・洋楽を聴く／洋楽をかけ流す
・お芝居、ミュージカルを観る
・劇づくりでセリフを覚える
・英語を何度も聞き、言い回しを練習する
・伝えたいことを英文にして言う
・プレゼンの専門英語を学び、プレゼンの練習をする
・日本文化の本を読んで英語で説明する
・言葉の定義を言う練習をする
・桁数の大きい数をすぐに言えるようにする
・SDGsや世界の時事問題を知って説明する
・専門分野の学習をする

・資格試験の質問の答えを言う練習をする
・外国人の友達をたくさんつくって話す

リーディング・ライティング

・CD付の英語の小説でシャドーイングする
・絵本、新聞、書籍、雑誌、好きな分野の専門書などを読む
・同義語辞書、反義語辞書、英・英辞書を使う
・記事からヘッドラインを考えてみる
・好きな分野の専門書を読み、要約するなどオリジナルノートをつくる
・毎日長文問題を解く
・本を要約する
・本の感想文を書く
・エッセイを書く
・クリエイティブなライティング（詩・歌詞・漫画・脚本など）をする
・手紙を書く
・英検などの資格試験を利用してライティングのスキルを身につける

・自分だけの英語ノートをつくって単語などを覚える
・外国の友人をつくって文通、メール、SNSでつながる
・大学のディベイト部などの練習を見学させてもらう
・添削サービスを活用し、さまざまな言い回しを覚える

●コンテストやセミナーなどに参加する

・TED
・キャリア教育
・ワークショップ
・プレゼン
・ディベイト
・スピーチ
・ドラマ劇

付録2　英語学習期間と英語スピーキングの伸びの目安

■「英語を習っているのに、うちの子は全然話せません」

●保護者の方々からいただく一番多い質問

「うちの子は英会話を学んでいるのに、まったく英語を話せないんです」
「英語って、どのくらい習えば話せるようになるんですか？」

私は、保護者の方々から、こうした質問をとても多くいただきます。

これらの質問が始まる期間はたいてい決まっていて、多くは子どもたちがアライブに入会して半年から1年くらい経った頃です。

おそらく保護者の方は「入会して半年も経ったのだから、そろそろ話せるようになってもいい頃だろう」という感覚になるのでしょう。しかし、そんな短い期間で話せるようになる子はいません。おそらく、100万人に1人もいないのではないでしょうか。もしいたら、私が会ってみたいくらいです。

英語に限らず、新しいことを習得するには時間がかかります。しかも、英語圏に留学に行ってどっぷり英語に浸かる生活を送っているならまだしも、日本で英語を学んでいるのですから、さらに時間がかかるのは当然のことなのです。

それなのに「せっかく英語を習っているのに、全く伸びていない」と勘違いしてしまい、やっと土台ができて、さあこれから、という時に辞めてしまう方も多いのです。

これは、とてももったいないことです。そこでこの付録では、アライブイングリッシュスクールの基準を例に挙げて、学習する時間に対する学力の伸び方についてお伝えすることにしました。

英語を教えているスクールには、それぞれ特徴があります。子どもたちが歌やダンスなどで感性を育むこと、日本人講師が英語の文法を教え試験突破を目指すこと、英語の教科書を使って楽しく遊ぶこと、読み書きを中心に教えることなど、目的もさまざまです。

私が校長を務めるアライブでは、英語を使って話すこと、考えて議論すること、社会の課題を解決する方法を見出す力を身につけることを重視しています。

これらの力を身につけるためには、第一次段階として「英語で話すことができるようになること」、次に「自分の意見を発言できるようになること」が大切です。

もちろん、生徒一人ひとりに個性や得意、不得意なことがあります。子どもたちの性格、強み、環境などにも左右されますので、必ずしもこのような伸び方を全員がするわけではありません。一例として参考にしていただければと思います。

■フォニックス・リーディング・ライティングの伸び

文字を読むフォニックス、リーディング、ライティング、試験対策などは、1年間学ぶだけで驚くほどの大きな成果が現れます。特にリーディングやライティングの授業を取ると、目に見えて英語力の伸びがわかります。

以前、保護者のお迎えを待っている間を使って、園児生が1週間に1回15分の読み書きをしていました。すると、1年後には本当に読み書きが得意になりました。

たった1週間に15分でもかまいません。英語の学習を続けてみてください。

■学習と「スピーキング」の伸びの目安（アライブの場合）

●0歳児、未就園児、園児の段階から週1回50分英語を習っている子の伸び

❶簡単な日常会話を話せるようになるには

園児からアライブに通っている生徒の場合、簡単な日常会話を話せるようになるまでに、4〜5年ほどかかります。

ただし年齢にもよります。年中から小学校3年生くらいまで学ぶ場合とは違い、0歳から習ってまだ5歳、2歳から習ってまだ6歳の場合など、習い始めた年齢が低い場合には、もともとのボキャブラリーや知識の関係でもう少し時間がかかることがあります。

コミュニケーションとして話す力は、年数だけでなく、年齢や発達段階もかかわってくるからです。

❷考える力、自分の意見を伝えられるようになるためには

最初からアライブに通っている生徒も、途中からアライブに移ってきてくれた生徒も、日常会話に加えて考えて話せるようになるには、そこから1～2年ほどかかります。トータルでは、5～6年というところでしょうか。

英語で簡単な会話ができるようになってから、意見を言えるようになるまでには、比較的短い期間で到達しているように感じられると思います。これは、アライブのカリキュラムが子どもたちの探求心が高まるようにつくられているためです。授業では、考えて話すためのカリキュラムやティーチングメソッドを何度も繰り返し実践していきます。

❸英語を5～6年習い続けているのに、日常会話が話せない理由

5～6年間ずっと英語を学んでいるのに、全く話せない子どもの割合はかなり高いのが実情です。

ただ、これは話す練習をしていないから。つまり、今まで英語を習ってきた目的が話すことではなく、体を動かしたり、精神面を豊かにしたりといった、別の目的にあっただけのことです。

このような子どもたちは、既に耳が慣れているため、話す場を設けてあげれば、すぐに話せるようになります。

ただ、わからないことや知らないことはYesかNoで答えたり、単語で答えたりする習慣が身についてしまっていると、しばらくはしっかりと丁寧に話し方を教えてあげることが必要になります。

話し方を教えていけば、1~2年ほどで、少しずつ話せるようになっていきます。

❹生徒の傾向や特徴

週1回50分の授業を長い間続けてきた子どもたちは、考える力も身についているため、中学生になってから英語の読み書きや試験では、高い成績を取る子が多いのが特徴です。

従って、その成果が明らかになる中学生まで続けることが大切になります。

ただ、週1回50分だけの学習では、考えて話すという高い議論力はなかなか短期間ではついてこないのが現状です。

そのため、短期留学やシーズナルスクールなど英語漬けの環境で過ごす時間を多く取り入れてみてください。また、授業外でも絵本や書籍などを多く読み、議論する習慣をつけることも必要です。

これらの習慣なくして考える力が突然身につくことはありません。英語で考える力を身につけるには、幼少期から簡単な英語でもかまわないので、自分の意見を話すことを習慣にするとよいでしょう。

また、こうした長い期間英語を学んでいる子どもたちのクラスの選択については、学習の進捗に応じたクラスを受講するように生徒たちには丁寧にすすめています。同じようなクラスだと、飽きてきてしまうからです。

英語力を伸ばして考える力を育成するには、個々の環境に合わせていくことが、ステップアップの一番の近道です。

ちなみに、ずっと50分学習をしてきた子どもたちは口を揃えて「小学校の時は英語の大切さが全くわからなかったけれど、英語を続けていてよかったです」と言ってくれます。私も何度となくこの言葉を耳にしてきました。

※なお、ここでは紹介していませんが、「英語を長年習っている子が陥る、中学生になってからのトラップ」という問題があります。長年英語を学習している生徒が必ずはまってしまう癖があるのです。

セミナーを毎年行って克服方法などをお伝えしていますので、興味のある方はアライブにお問い合わせください。

●0歳児、未就園児、園児の段階から週1回100分～120分英語を習っている子の伸び

❶簡単な日常会話を話せるようになるには

このクラスの子どもたちは、週2回100分～120分間英語を習っている生徒に比べて学力の伸びはゆっくりですが、英語力に自信を持つようになっていきます。ただ、日常会話を話

せるようになるには、3〜4年ほどかかることが多いようです。

週1回50分の授業を受けている子どもたちと同様に、中学の成績はかなり高い子どもたちが多いのも特徴です。中学校に進学して「自分は英語が好きなのだ」と認識し、将来は英語圏に留学したいと考えるケースが多く見られます。

また、週1回100分程度を習う生徒と週1回50分の生徒との大きな違いは、自信のつき方とモチベーションです。週1回50分英語を習っている生徒の場合、最初の数年間は少し自信なさげに問いに答えますが、週1回100分程度の生徒はより早く自信をつけます。数年後には、英語でのイベントへの参加意欲も高くなります。

モチベーションがあがれば学力の伸びも早くなります。その意味では、少なくとも1回100分程度の時間を学習することが望ましいと考えます。

❷考える力、自分の意見を伝えられるようになるためには

長期の休みに開催するシーズナルスクールに参加し、中学校や高校で短期留学に行くなど、少しのきっかけでモチベーションがあがる生徒が多いのが、1回100分程度または週2回50分などを受講している生徒の特徴です。

特に1回100分の時間を受けていると、日常会話ができるようになると同時に考える力が養われます。そのため、最初に学習を開始してから4～5年ほど経った頃には、考える力が身について自分で意見が言えるようになります。

❸英語を3～4年習い続けているのに、日常会話が話せない理由

週1回100分～120分の英語学習を3～4年続けていても、全く話せない子どももいます。もちろん理由は50分授業の時と同じく、今まで英語を習ってきた目的が違うだけのことです。話す環境をつくるだけで変わってきます。

●0歳、未就園児、園児の段階から週2回（1回）100分～120分英語を習っている子の伸び

❶簡単な日常会話を話せるようになるには

簡単な日常会話を話せるようになるには、平均して3年ほどかかります。自宅で頑張って勉強している子どもについてはもう少し早く、2年くらいから成果が出ることもあります。

このクラスの子どもたちは、英語への意識が高く、英語で過ごす、シーズナルスクールなどの長期集中コースに参加する子どもたちが多いことも特徴です。子どもの成長が目に見えてわかるのも、このクラスの子どもたちの特徴です。

日常会話と同時に、週2回、英語で考えながら話す時間がありますので、トータルして3〜4年で考える力も養えるようになります。

私は、他の習いごとで忙しい子どもたちにもこの時間数をおすすめしています。アライブの資格試験対策の専門クラスを受講する子どもたちもいますが、この時間数を受けていれば、特に英検などの対策をしなくても小学校低学年で試験に合格する生徒も少なくありません。

●0歳児、未就園児、園児の段階から週3回（1回）100分〜120分英語を習っている子の伸び

❶簡単な日常会話を話せるようになるには

簡単な日常会話を話せるようになるには、1年〜2年くらいかかります。週2回英語を学習している生徒と同様に、シーズナルスクールなどの長期集中コースに参加する子どもたちが多いのが特徴です。

この時間数で受講する子どもたちは、英語力がぐっと伸び、ある時突然にブレイクアウト（突然のように英語力が伸びてペラペラと話す）することが多くあります。

週2と週3の頻度の差は大きく、インターナショナルスクールの生徒に近い程度で英語を話せる子どもも多くいます。

年少から年長生までの間、週4回アフタースクールを受講していた子どもの話です。その子は、インターナショナルスクール（小学校）に進んだのですが、入学先の先生が「英語力も考

える力も高い」と驚いていたことがあります。

❷考える力、自分の意見を伝えられるようになるためには

考える力は、2～3年目くらいからついてきます。クリティカルな力を養うためのプログラムを実践していることが前提ですが、週3回通っている生徒の場合、話す機会が増えて自分の意見をしっかりと伝えられるようになります。

●帰国子女・インターナショナルスクールに通っている子などの伸び

帰国子女であったとしても、現地で日本の幼稚園などに通っていた、1クラスの人数が多いインターの幼稚園や保育園だった、話す練習をせずに聞くだけのイマージョン教育だった、というような場合には、英語で考える力を育むようになるには、なかなか難しいように思われます。

ただ、このような子どもたちはリスニング力が高いため、話す場をつくってあげさえすれば、1年ほどで簡単な日常会話を話すことができるようになります。冒頭で述べた通り、考える力

も、2〜3年でついてきます。

もしも子どもたちが単語だけ、あるいは"Yes"、"No"だけで会話を済ませていた場合、まずはセンテンス単位で文章として答える習慣をつけることが必要です。そして、しばらくは習慣づけに時間がかかります。

■英語の早期学習の必要性

本書でも繰り返し述べていますが、なぜ、幼少期から英語を習う必要があるのでしょうか？このような質問に対して、以前の私は「英語は思いたった時に始めればいいですよ」と答えていました。

しかし最近、私はその意見を180度変えました。「できる限り早い段階から英語に触れてほしい」と主張するようになったのです。

理由は2つ。1つは、英語教育を幼少期から受けている子のリスニング力や会話力は、英語を全く習っていない子と比較すると圧倒的に高いことです。

0歳や未就園児から英語に触れている生徒の発音は本当に美しく、ネイティブイングリッシュと変わりありません。

英語という言語は、at, in, with などの前置詞と他の単語と組み合わせて発音しますが、流暢な発音を聞いていると、そのイントネーションやリズムのなめらかさにまるで吸い込まれそうになります。幼少期から英語を習い、美しい発音が身につくことで、子どもたちは気持ちよく英語を話せるため、積極的に発言するようになっていくのです。

そしてもう1つの理由は、本書でも触れましたが幼少期に英語を学ばなかった子どもたちが、英語を始める前から自信を失ってしまうケースが増えてしまったからです。

昔は、ほとんどの子どもたちが中学校から一斉に英語の授業をスタートしていました。ところが現在は、幼少期から英語を習う子どもが増えているため、幼少期から英語を習っていない子は、英語の授業に気後れしてしまうのです。

私は名古屋のトップクラスの中学校に通う優秀な子どもたちにたくさん出会ってきましたが、彼らの多くは「国語、数学、理科、社会は得意だけど英語は苦手。英語がきらい」と話していました。

他の科目は日本語で授業が行われ、理解力があればついていけますが、英語の授業だけは、英語の知識がないと全く理解できません。他の子と自分を比べてしまって「自分はどれだけ努力しても英語を幼少期から習っている子にはかなわない」という制限を、子どもたちが自分の中でつけてしまうのです。

最初から苦手意識が芽生えてしまうというリスク。これは、その子のポテンシャルの問題ではありません。それにもかかわらず、ハンディになってしまうケースをこれまで多く見てきました。そのため、私は幼少期からの早期英語教育を推奨しています。

何度も伝えていることですが、子どもの脳はまさにスポンジです。体験したこと、学んだことは、大人になってもその子の記憶に残ります。

英語が受験科目に指定されない限り、受験勉強などのためにしばらく英語学習を休む時期もあるかと思います。しかし幼少期から英語を習っている子は、英語に触れない期間があったとしても、また学びを再開した時には英語をすぐに思い出します。

幼少期から習っている子が思い出すのがとても早いのには、毎回驚かされます。そういう意味でも、早期学習のメリットは高いと考えています。

参考文献

稲垣忠彦・佐藤学『授業研究入門』岩波書店, 1996年
臼井嘉一『教育実践学と教育方法論』日本標準, 2010年
ヴィゴッキー『思考と言語』柴田義松(訳), 明治図書, 1962年
加藤芳正・藤村正司・浦田広朗(編著)『新説 教育社会学』玉川大学出版部, 2009年
佐伯胖『新・コンピュータと教育』岩波新書, 1997年
佐藤学『教育方法学』岩波書店, 1996年
佐藤学『学び合う教室・育ち合う学校』小学館, 2015年
司馬遼太郎『二十一世紀に生きる君たちへ』世界文化社, 2001年
ジムコリンズ・ジェーリーポラス『ビジョナリー・カンパニー』山岡洋一(訳), 日経BPマーケティング, 1995年
ジョンP.コッター『第2版　リーダーシップ論』DIAMOND ハーバードレビュー編集部・黒田由貴子・有賀裕子(訳), ダイヤモンド社, 2012年
白井恭弘『英語教師のための第二言語習得論』大修館書店, 2012年
波多野完治(編)『ピアジェの認識心理学』国土社, 1966年
星野友啓『スタンフォード式生き抜く力』ダイヤモンド社, 2020年
マリア・モンテッソーリ『幼児の秘密』鼓常良 (訳), 国土社, 2013年
山田肖子『国際協力と学校』創成社, 2009年
ヤング吉原麻理子・木島理江『世界を変えるSTEAM人材』朝日新書, 2019年
吉田研作『小学校英語教化への対応と実践プラン』教育開発研究所, 2017年
吉野源三郎『君たちはどう生きるか』マガジンハウス, 2017年
ローレンス・マクドナルド(編著)『世界から見た日本の教育』菊池栄治・山田浩之・橋本鉱市(監訳)日本図書センター, 2009年
SLA研究会(編)『第二言語習得研究に基づく最新の英語教育』小池生夫(監修), 大修館書店, 1994年

Beckett, G.H., and Miller, P.C., Eds. (2006). Project-based Second and Foreign Language Education: Past, Present, and Future. Connecticut: Information Age Publishing.

Bredderman, T. (1982). What Research Says: Activity Science-The Evidence Shows It Matters. Science and Children. ERIG, v20 n1 p39-41, Retrieved from https://eric.ed.gov , 11 Nov. 2021.

Bruner, J. (1996). The Culture of Education. Massachusetts: Harvard University Press.

Greenberg, D., and Sadofsky, M. (1992). Legacy of Trust-life After the Sudbury Valley School Experience. Massachusetts: Sudbury Valley School Press

Hodson, D. (1990). A Critical Look at Practical Work in School Science. School Science Review. ERIG, v71 n256 p33-40, Retrieved from https://eric.ed.gov , 13 Nov. 2021.

Goleman, D. (1994). Emotional Intelligence. New York: Bantam Dell A Division of Random House.

Richards, J. C., and Rogers, T. S. (2001). Approaches and Methods in Language Teaching. New York: Cambridge University Press.

Ritchhart, R. (2002). Intellectual Character. San Francisco: Jossey-Bass.

Ritchhart, R., Church, M., and Morrison, K. (2001). Making Thinking Visible: How to Promote Engagement, Understanding, Independence for ALL Learners. San Francisco: Jossey-Bass.

Profile

三井 博美 Hiromi Mitsui

株式会社アライブ代表取締役。
サンフランシスコ州立大学経営学部卒業、名古屋大学大学院法学研究科修士課程修了。メーカーやIT企業で、海外企業との契約交渉、英文契約書の作成、翻訳業務などの渉外の仕事に携わった後、インドネシアの現地企業でマーケティングマネージャーとして働き、2001年に株式会社アライブを起業する。

株式会社アライブは、「生きる力、未来を切り開(拓)く力を持つ子を育成～Lead the World～」という理念を掲げ、0歳～大学生を対象にした英語教育を柱とするスクール事業を展開している。全日制インターナショナルスクール、英会話スクール、専門分野(プログラミングをはじめとするSTEAM教育、SDGs教育など)について英語で学ぶアカデミースクール、オンラインスクールなど、子どもたちが、英語を使って考え、議論し、行動することを目指している。

教育機関とのつながりとして、幼稚園などへの講師派遣、小学校のアフタースクールの運営、名古屋市の小学校教員を対象にしたロボット・プログラミングの研修なども行っている。また、長年にわたり、世界トップクラスの教育機関の教育チームとともに、子どもたちを対象にした世界最先端のプログラムを次々と打ち出している。

https://alive-co.com

超エリート英語教育
日常会話を目標にしない子ども英会話

2021年4月28日　初版発行

著　者　三井博美
発行所　ラーニングス株式会社
〒150-0042 東京都渋谷区宇田川町10-2 第2野口ビル102
発行者　梶田洋平
発売元　星雲社(共同出版社・流通責任出版社)
〒112-0005 東京都文京区水道1-3-30　Tel(03)3868-3275

ISBN：978-4-434-28779-4　C0037